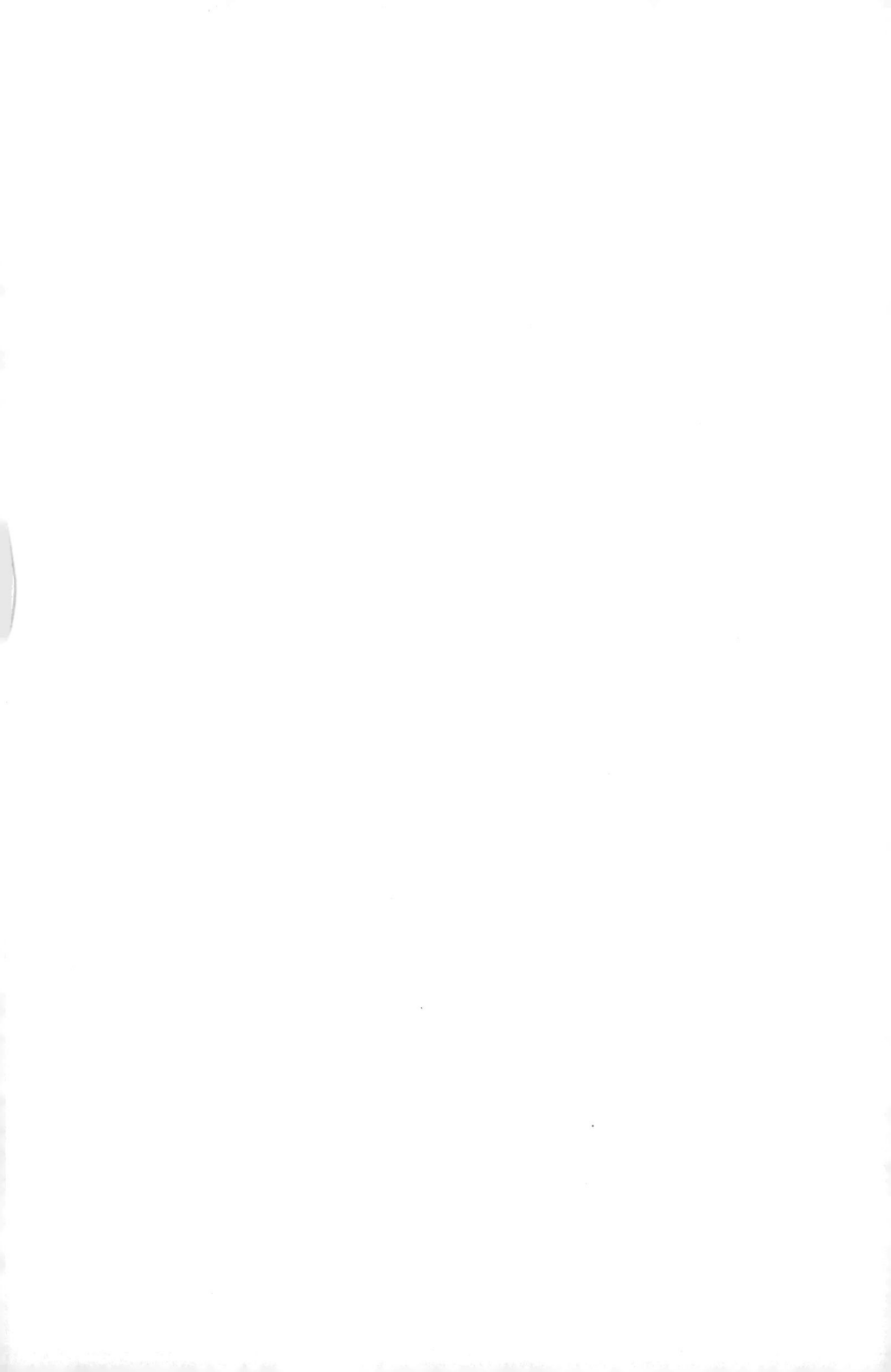

劉信雄 著

調理氣談風水

育林出版社印行

手持羅盤定乾坤
迎來春風福滿門

論堪輿：理氣與形勢並重
談理氣：運法與局法兼顧
談運法：玄空與紫白同參
談局法：陰陽相見福永貞
論吉凶：令星、陰陽、五行、卦象、城門兼顧

心靜若空

二〇二四年四月

玄空堪輿學理論架構圖

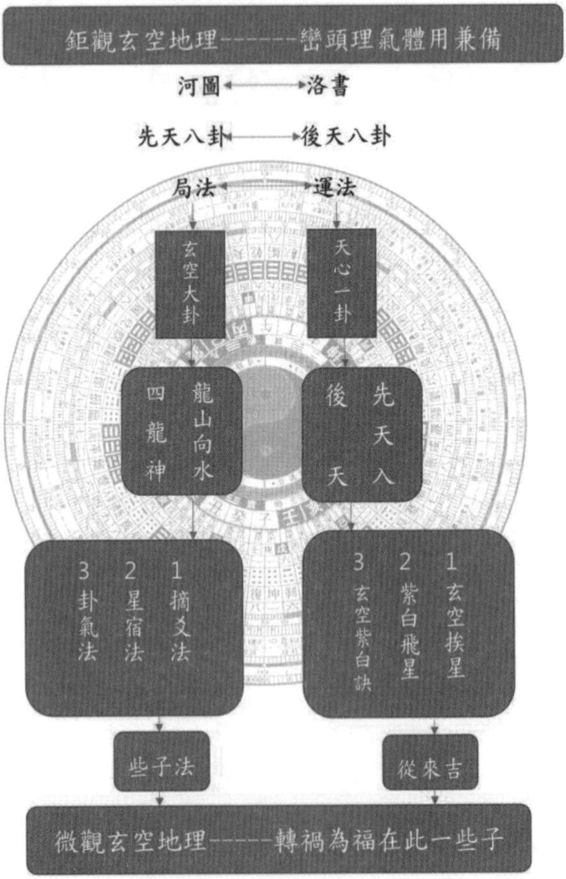
鉅觀玄空地理------巒頭理氣體用兼備
河圖
洛書
先天八卦
後天八卦
局法
運法
玄空大卦
天心一卦
龍山向水
四龍神
先天入
後天
1 摘爻法
2 星宿法
3 卦氣法
1 玄空挨星
2 紫白飛星
3 玄空紫白訣
些子法
從來吉
微觀玄空地理-----轉禍為福在此一些子

調理氣談風水　目錄

序

老子說「大道無形，生育天地」者，氣（炁）也。由於氣是無色無形，看不見摸不著，我們生於其中，活在其內，日日見之而不明，時時受用而不覺，難以捉摸，認為它玄之又玄。實者，此大自然之生機，既是道也，易道即此天道，易道通常是以三種方式來闡述，其一為「易理」、用它來說明天地間萬物化育之現象，其二為「易卦」、用卦象代表萬事萬物所顯現的符號，其三為「易數」、係以數字來推演其變化之規則。因此易理、易象、易數三者，便是傳統易學方家用以闡揚易道的方式，風水地理或稱堪輿者，亦不離此也。

玄空堪輿學之「玄空」非空無也，在「易理」上，易曰：「無極而太極，太極生兩儀，兩儀生四象，四象生八卦」，八八則生六十四卦。宇宙之自然現象均由無極而生，無極而太極者，乃真空妙有之現象。太極生兩儀，係指陰陽對待而相生，陰用陽朝、陽用陰應，此陰陽兩者即天根月窟之門戶。一而二，二而三，三生萬物者，係指陰陽交易變易而萬物化生，演變之中是有一定之規則，玄空堪輿（地理）者即依此易道之規則，在巒頭及理氣上，覓得「陰陽調和」、或「合陰陽對待」、或「合陰陽生成」，以尋求地理上一個陰陽調和「止於至善」的「中庸」之道，且能「允執其中」，是為「玄空」之真義也。

古聖先賢探討易道，而有「河出圖」、「洛出書」之說，而伏羲的先大八卦，及文王的後天八卦，奠立了易理的基礎，河圖及洛書以「易數」闡述之，伏羲八卦及文王八卦則以「卦象」揭露之，這四者環環相扣，河圖洛書配先天八卦說明天道中「氣」的本質（體），河圖洛書配後天八卦說明「氣」在天地間流行之現象，亦即說明「氣」在四時運行的規則（用），玄空地理據此而演繹出玄空運法及玄空局法，本書第一、二篇談玄空運法，第三篇談玄空局法，第四篇談陰陽宅選擇的考慮事項。

運法方面，玄空法重在二十四山生旺衰死的判斷，紫白九星則注重各山主星，受地盤星曜、天盤運星、年紫白星以及旁宮星曜的綜合影響，把握此重點，則探討運法旳要訣便不失方向矣。本書這部分以兩篇章闡釋之，第一篇從易理上說明運法的操作，第二篇從先賢經典中，闡釋九星的運用，並歸納出個人對玄空挨星法的提要，提綱契領，盼能助益讀者的了解。

第三篇談玄空局法，所謂局法就是指形局之法，即按照環境形勢安排一個龍山向水之局，使後方來脈之龍氣能在結穴處，與前方水龍來氣，匯聚於墓塋（太極點），此即是四路（龍山向水）歸兩路（龍山一路、向水一路），兩路歸一路（陰陽調和）。陽宅以向首為重，陽宅不注重山龍，但方法是一樣的。本篇摘取八項要訣以供參考，去蕪存菁，以方便應用。此外，另加說明摘爻與分金之術，這是細節，參考即可。

第四篇談陰陽宅選擇之道，趨吉避凶是最基本也是最重要的事項，凡是坐山立向在陰陽駁雜之處，陰陽不定，凶多吉少，避之為宜，因此知道如何避凶，也是一種求福的方法。最後兩節提出陰陽宅的選擇方法，除了綜合理出前面各篇的重點之外，也提歸納出風水大觀，希望對風水有一整體的印象和觀念，以便大家在運用及操作上，能把握重點。

本書之撰寫，不僅在理論架構上，說明勘輿學術的綱架，同時盡量提出一些實用知識，但掛一漏萬在所難免，謹盼方家多多指教，謝謝。

劉信雄（若空）謹誌 2024 年

第一篇　玄空運法

第一節　玄空堪輿的易理基礎

劉信雄（若空）編著

壹、河圖之特徵

1.相傳上古時，黃河出現龍馬負圖，伏羲因之而得河圖。河圖以○為陽，以●為陰，故一、三、五、七、九奇數為陽，二、四、六、八、十偶數為陰。

2.河圖重生成，天一生水而地六成之，一六水之體，故一六共宗；地二生火天七成之，二七火之體，故二七同道；天三生木地八成之，三八木之體，故三八為朋；地四生金天九成之，四九金之體，故四九作友；天五生土地十成之，五十同土居中央。是故一、二、三、四、五為生數，六、七、

八、九、十為成數，一生一成五行生焉。

3.中央為皇極中樞，寄旺於四時，維繫乎八氣。運歸中五，五為小成，十為大成。

4.陽數相加為二十五，陰數相加為三十，陰陽數相加共計五十五，故古人說，天地之數五十有五，以成變化而行鬼神也，此一生一成而萬物生焉。

河圖

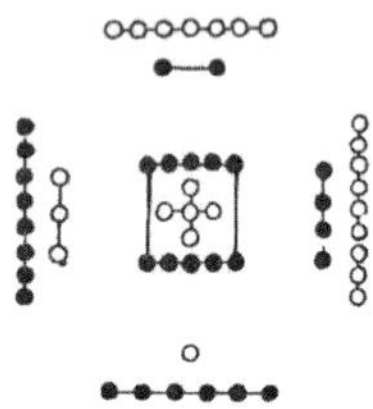

洛書

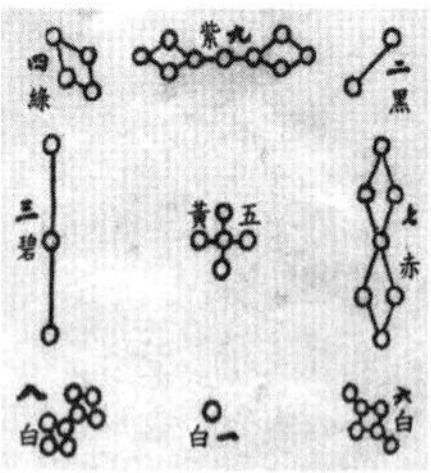

貳、洛書之特徵

1.夏禹治水，洛中出龜負書，其數戴九履一，左三右七，二四為肩，六八為足，五居中央，夏禹因之以敘九疇。

2.河圖只有四方，洛書已具八卦之象，四正之數為陽，四隅之數為陰。

3.洛書五行出自河圖五行而來，仍然是一六水、二七火、三八木、四九金。

4.洛書之八方，相對者合十，一九合十、二八合十、三七合十、四六合十。

參、河圖與洛書之關係

河圖與洛書五行之生尅關係為一正一反，顯示天數自東向西，地數自西向東，天地交會萬物化生之現象。

1.河圖之數順向相鄰相生：四九金生一六水，一六水生三八木，三八木生二七火，二七火生中央土，中央土生四九金，循環無端，生生不息。

2.洛書之數則以逆向相鄰相尅。北方一六水剋西方二七火，西方二七火剋南方四九金，南方四九金剋東方三八木，東方三八木剋中央土，中央土剋北方一六水。

3.河圖與洛書相對之生尅關係也不同，河圖之數相對相尅，一六水尅二七火，四九金尅三八木，相對相尅。而洛書之數則相對相生，四九金生一六水，三八木生二七火。

4.河圖與洛書為理氣之體用關係，實為一物之兩面，河圖為體，洛書為用，洛書之數已顯八方之位，同時也具有河圖數相生相成之理。河圖與洛書之數理，其陰陽之本質是一貫的。

肆、先天八卦（伏羲八卦）

先天八卦傳說是伏羲氏依易理推演而成，在卦理上，我們可知先天八卦其構成與易經中「無極而太極，太極生兩儀，兩儀生四象，四象生八卦」息息相關。

（一）陰陽兩儀互變生四象

陽儀⚊：（先天八卦中初爻為陽者在陽儀），陽爻再動生老陽及少陰。

老陽⚌（陽中之陽）、初爻為陽，二爻也是陽爻。

少陰⚍（陽中之陰）、初爻為陽，二爻為陰爻。

陰儀⚋：（先天八卦中初爻為陰爻者在陰儀），陰爻再動生少陽及老陰。

少陽⚎（陰中之陽），初爻為陰爻，二爻為陽爻。

老陰⚏（陰中之陰），初爻為陰爻，二爻亦為陰爻。

（二）四象生八卦：四象再動生成八卦，是為原卦。

老陽⚌：乾☰為天（三爻為陽爻）、兌☱為澤（三爻為陰爻）。

少陰⚍：離☲為火（三爻為陽爻）、震☳為雷（三爻為陰爻）。

少陽⚎：巽☴為風（三爻為陽爻）、坎☵為水（三爻為陰爻）。

老陰⚏：艮☶為山（三爻為陽爻）、坤☷為地（三爻為陰爻）。

（三）先天八卦的特徵

1.先天卦具有河圖數的特徵：一六水，二七火，三八木，四九金。故而一坤六艮一家也，二巽七坎一家也，九乾四兌一家也，三離八震一家也，一生一成，道之本也。

2.先天卦相對相生，四九金生一六水，三八木生二七火。逆向相尅，一六水尅二七火，二七火尅四九金，四九金尅三八木，故易逆數也。

3.先天卦也具有洛書數的特徵：相對合十，乾九坤一合十，兌四艮六合十，離三坎七合十，震八巽二合十對待。相對的卦爻陰陽相錯，乾☰坤☷天地定位、艮☶兌☱山澤通氣、坎☵離☲水火不相射、震☳巽☴雷風相薄，八卦相錯。

4.先天卦注重陰陽之生成及對待，有彼此而無方隅。

5.先天卦在兩儀四象相隣之處，卦氣不通。故而九乾與二巽間，四兌與三離之間，八震與一坤之間，六艮與七坎之間卦氣不通。

先天八卦圖

（四）先天卦與卦之通氣原理

合對待：三爻交變合對待

1☷與9☰、2☴與8☳、

3☲與7☵、4☱與6☶。

合生成：天爻交變合生成

1☷與6☶、2☴與7☵、

3☲與8☳、4☱與9☰。

合陰陽：人爻交變合陰陽

1☷與7☵、2☴與6☶、

3☲與9☰、4☱與8☳。

合通卦：天地二爻交變合通卦

1☷與3☲、2☴與4☱、

6☶與8☳、7☵與9☰。

合五、十五：人地二爻交變合五、十五

1 ☷與4 ☱、2 ☴與3 ☲、

6 ☶與9 ☰、7 ☵與8 ☳。

合死絕：地爻交變或天人二爻交變合死絕

1 ☷與8 ☳、2 ☴與9 ☰、

3 ☲與6 ☶、4 ☱與7 ☵。

1 ☷與2 ☴、3 ☲與4 ☱、

6 ☶與7 ☵、8 ☳與9 ☰。

（五）先天八卦在易理的卦義

先天八卦的卦義常在卜筮釋義時推論使用，但在玄空運法上，遇到吉凶生尅時，在推論上，也提供釋義時一併參酙。

1. 坤卦 ☷：

人物：為母、主婦、老媼、寡宿、女賊、文書。

身體：為腹、脾胃、皮肉、病符。

性情：柔順、安靜、謙卑、平凡、退讓；消極、陰謀、封閉。

其他：鬼、牛、土地、黑、車、布帛、釜。

2.巽卦☴：

人物：為長女、媳、美女、文人、女賊。

身體：為股、肝、膽、乳。

性情：文昌、文藝、調和、清柔、美色、容顏、感化、溫馴；飄蕩。

其他：綠色、木、風、雞、蠅、類、教化、潛入。

3.離卦☲：

人物：為中女、少女、文士。

身體：為目、心、小腸、血、不孕。

性情：美麗、向上、威猛、光明、好禮；燥烈、陰險。

其他：火、文明、電、焚、甲冑、雉、甲殼、銳器。

4.兌卦☱：

人物：為少女、伶人、武人、娼妓、女賊。

身體：為口、舌、喉、肺、

性情：觀悅、娛樂、妥協、親密；誘惑、怨仇、色情。

其他：羊、刀斧、兵器、池水、辛味、

6.艮卦☶：

人物：為少男、男童、樵夫、隱士。

身體：為臂、手、指、頭、經脈、神經、鼻、脊、脾胃。

性情：靜止、沈著、保守、篤實；頑固。

其他：虎、狗、狐、小石、小骨、門闕、懸崖、牆垣、城。

7.坎卦☵：

人物：中男、少年、魁星、紫微等

身體：為耳、血、子宮、腎臟。

性情：智慧、思考；勞苦、憂慮、淫。
其他：水、河川、泉水、海洋、酒、江湖、豕、舟輪。

8.震卦☳：
人物：為長男、青少年、暴徒、賊星。
身體：為腿、足、肝。
性情：活潑、前進、開朗、春天、健壯、茂盛、青春；驚恐、震動。
其他：爆炸、跌仆、雷、龍、蛇、棟樑、聲響、車、棍、玄黃。

9.乾卦☰：
人物：為父、老翁、軍人、盜賊、戎武。
身體：為首、項、大腸、骨。
性情：剛毅、不息、高貴、主動、開啟；訴訟。
其他：天、馬、金、玉寶石、實質、生機、本性。

伍、後天八卦（文王八卦）

後天卦為文王所創，據傳是依時令四季流轉，及河圖洛書之特徵而訂定，尤其易數之排列，先後天八卦完全一樣，但卦象不同，後天卦具有方位及四季流轉之特徵，震木在東，象徵春木之欣榮，離火在南，象徵夏日之炎烈，兌金在西，象徵秋季之蕭瑟，坎水在北，象徵冬令之凜冽。

（一）後天八卦的特徵

1.後天八卦已具八方，東方屬震木，東南屬巽木，南方屬離火，西南屬坤土，西方屬兌金，西北屬乾金，北方屬坎水，東北屬艮土，五行俱具，此為洛書五行亦稱方位五行。

2.後天卦之八方依五方之正色而來。青白赤黑黃為五方（東西南北中）之正色，白間青為綠（金尅木），青間黃為騮（木尅土），黃間黑為碧（土尅水），黑間赤為紫（水尅火），赤間白為紅（火尅金），五行相尅而五方之間色出。因此而得一色白，二色黑，三色碧，四色綠，五色黃，六色白，七色赤，八色白，九色紫，此為八方之代表色。

3. 由前述可知，同樣的易數，在先天卦及後天卦所代表的卦象是不一樣的。一數在先天為坤，在後天為坎；二數在先天為巽，在後天為坤；三數在先天為離，在後天為震；四數在先天為兌，在後天為巽；中五立極，在先天及後天均有數無卦；六數在先天為艮，在後天為乾；七數在先天為坎，後天為兌；八數在先天為震，在後天為艮；九數在先天為乾，在後天為離。因為用同樣的數字，代表先天及後天容易混淆，地理先師用星數來表示用卦，因此而有一坎（貪狼），二坤（巨門），三震（祿存），四巽（文曲），五黃（廉貞），六乾（武曲），七兌（破軍），八艮（左輔），九離（右弼），用這九星來代表後天八卦為主的用卦，及先天卦的體卦。因此，一數即代表後天的坎卦，也代表先天卦的坤，其餘類推。因此，卦即是星，星即是數，卦、星、數是一體的。

4.後天卦的另一特性是易數所呈現的次序，即代表「氣」運行的軌跡，由皇極中央五，而到六乾，再到七兌、八艮、九離、一坎、二坤、三震、四巽，再到中央皇極中五，如此循序漸進，週流不息。挨星之規則即按此而推。

後天八卦圖

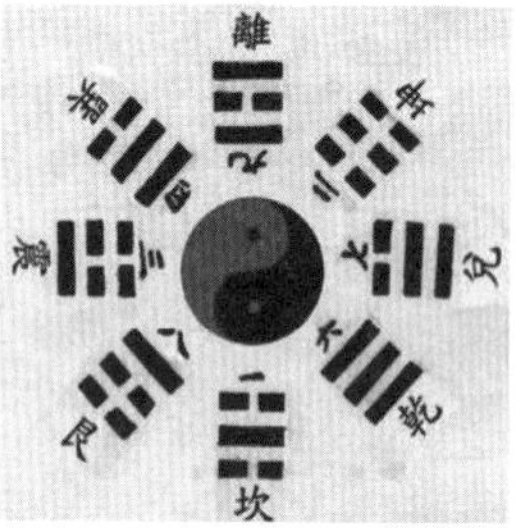

卦氣流行圖

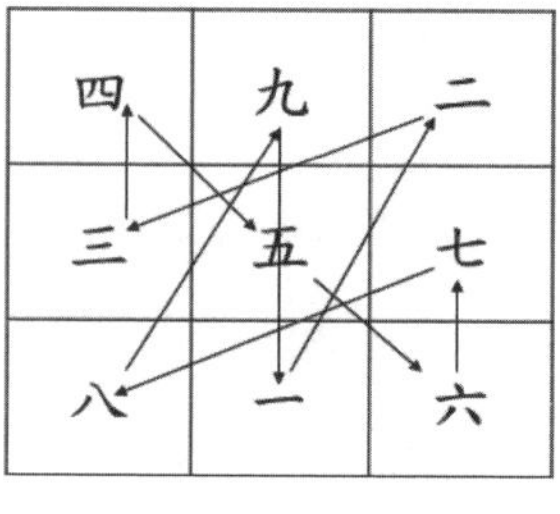

(三) 運星與先後天八卦的關係

一白運…貪狼星…後天坎卦 ☵…洛書五行屬水…先天坤卦 ☷…河圖五行屬水
二黑運…巨門星…後天坤卦 ☷…洛書五行屬土…先天巽卦 ☴…河圖五行屬火
三碧運…祿存星…後天震卦 ☳…洛書五行屬木…先天離卦 ☲…河圖五行屬木
四綠運…文曲星…後天巽卦 ☴…洛書五行屬木…先天兌卦 ☱…河圖五行屬金

五黃運…廉貞星…無卦…………洛書五行屬土…無卦
六白運…武曲星…後天乾卦☰…洛書五行屬金…先天艮卦☶…河圖五行屬水
七赤運…破軍星…後天兌卦☱…洛書五行屬金…先天坎卦☵…河圖五行屬火
八白運…左輔星…後天艮卦☶…洛書五行屬土…先天震卦☳…河圖五行屬木
九紫運…右弼星…後天離卦☲…洛書五行屬火…先天乾卦☰…河圖五行屬金

（備註：河圖五行即玄空五行，洛書五行又稱方位五行）

陸、三元九運：掌理陰陽宅之時運

玄空運法以洛書為本，而洛書九宮又是三元九運之本。相傳黃帝八年歲次丁巳（公元前2697）為創肇之始，是時為中元甲子，至1983年（民國72年）計經歷78甲子，自1984年至2043年為第79甲子，因此目前（2024）為第79甲子九運。

元者，指三元甲子，是紀年之數。運者，是指九運，紀元之運。元有循環之意，運有衰旺之別。當運者旺，來運者生，去運者衰，去久者死。

■三元九運有二種分法：

■三分法：一、二、三運為上元；四、五、六運為中元；七、八、九運為下元。

上元一白水統運：包括一白坎水、二黑坤土、三碧震木。

中元四綠木統運：包括四綠巽木、五黃中土、六白乾金。

下元七赤金統運：包括七赤兌金、八白艮土、九紫離火。

■二分法：一、二、三、四運為上元；六、七、八、九運為下元；五運前十年歸上元，後十年歸下元。

玄空運法以先天卦為體，先天卦上元1坤☷ 2巽☴ 3離☲ 4兌☱計十二爻，陰陽各六爻，陽爻以老陽九數乘之得54，陰爻以老陰六數乘之得36，合併數為90。下元6艮☶ 7坎☵ 8震☳ 9乾☰，亦是陰陽各六爻，乘於陰陽九六之數，亦得數90。依三元九氣分配，每運二十年。（若以後天八卦之陰陽九六數計算，上元合計84，下元合計96，總計亦為180，但上下元年數不對稱，陰陽不調，卦理不合，故三元九運不以後天卦計數。）

因此可知，玄空運法是以先天卦為體，以後天卦為用，注重理氣之流行，說明四時氣機運行遷謝之現象。也可以說，運法是藉九星輪轉飛布八方，以推演各方（八山或二十四山）吉凶禍福的一種理論。

地卦方位空間（八方）之陰陽，隨元運（時間）而改變，也就是二十四山在各運之正神與零神，隨元運而不同，正神為得運或得令，零神為失運或失令。

元運年表

第七十七甲子上元：甲子至癸亥六十年，即清同治三年（1864）至民國十二年（1923）

一運：甲子至癸未二十年，同治三年（1864）至清光緒九年（1883）為一白貪狼

二運：甲申至癸卯二十年，清光緒十年（1884）至光緒二十九年（1903）為二黑巨門

三運：甲辰至癸亥二十年，清光緒三十年（1904）至民國十二年（1923）為三碧祿存

第七十八甲子中元：甲子至癸亥六十年，即民國十三年（1924）至民國七十二年（1983）

四運：甲子至癸未二十年，民國十三年（1924）至民國三十二年（1943）為四綠文曲

五運：甲申至癸卯二十年，民國三十三（1944）年至五十二年（1963）為五黃廉貞

六運：甲辰至癸亥二十年，民國五十三（1964）年至七十二年（1983）為六白武曲

註：運至五黃二十年時。自甲申（1944）至癸巳（1953）十年寄四運。

自甲午（1954）至癸卯（1963）十年寄六運。

第七十九甲子下元：甲子至癸亥六十年，即民國73年（1984）至民國132年（2043）

七運：甲子至癸未二十年，民國七十三年（1984）至九十二年（2003）為七赤破軍

八運：甲申至癸卯二十年，民國九十三年（2004）至一一二年（2023）為八白左輔

九運：甲辰至癸亥二十年，民國一一三年（2024）至一三二年（2043）為九紫右弼

第八十甲子上元：甲子至癸亥六十年，即西元2044年至2103年

一運：甲子至癸未二十年，西元2044至2063年為一白貪狼

二運：甲申至癸卯二十年，西元2064至2083年為二黑巨門

三運：甲辰至癸亥二十年，西元2084至2103年為三碧祿存

第八十一甲子中元：甲子至癸亥六十年，即西元2104至2163年

四運：甲子至癸未二十年，西元2104至2123年為四綠文曲

五運：甲申至癸卯二十年，西元2124至2143年為五黃廉貞

六運：甲辰至癸亥二十年，西元2144至2163年為六白武曲

註：運至五黃二十年時。自甲申（2124）至癸巳（2133）十年寄四運。

自甲午（2134）至癸卯（2143）十年寄六運。

第八十二甲子下元：甲子至癸亥六十年，即西元2164至2223年

七運：甲子至癸未二十年，西元2164至2183年為七赤破軍

八運：甲申至癸卯二十年，西元2184至2203年為八白左輔

九運：甲辰至癸亥二十年，西元2204至2223年為九紫右弼

第二節　八山運法

壹、八山挨星

一元紫午九，辛亥許同倫。二值牛艮輔，三居金酉真。四通乾豕利，中五覓廉貞。六氣巽風扇，七當甲乙心。八則坤猿動，九數貪癸輪。倒顛顛倒算，禍福細推詳。合得這些子，山川路路靈。（幕講禪師：金口訣）

註：「一元紫午九，辛亥許同倫」闡釋：一運時九離宮（丙午丁）為零神宮位，七兌宮（庚酉辛）與六乾宮（戌乾亥）為副零神宮位；八艮宮因係一運之死絕宮位，故不取。其他各運亦當同論。

（一）玄空八卦打刼法

上元一、二、三、四宮為正神宮位；六、七、八、九宮為零神宮位。下元正零神宮位則反之。正神宮位來氣為吉為旺，零神宮位來氣為不吉為衰。但正神宮位不宜有水，有水則反變為衰為不吉，反之零神宮位有水則反而為吉為旺。玄空八卦挨星如下：

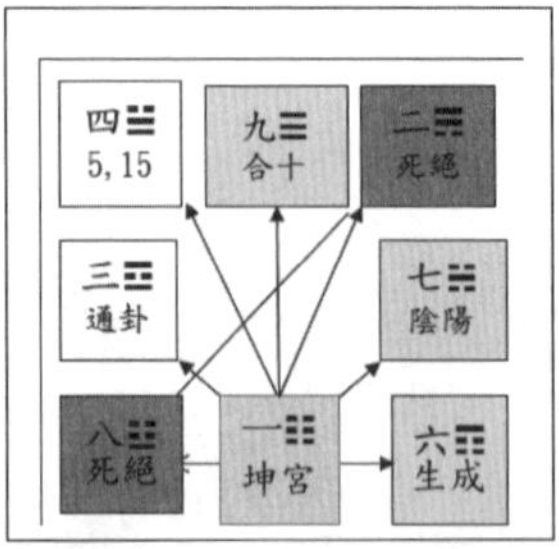

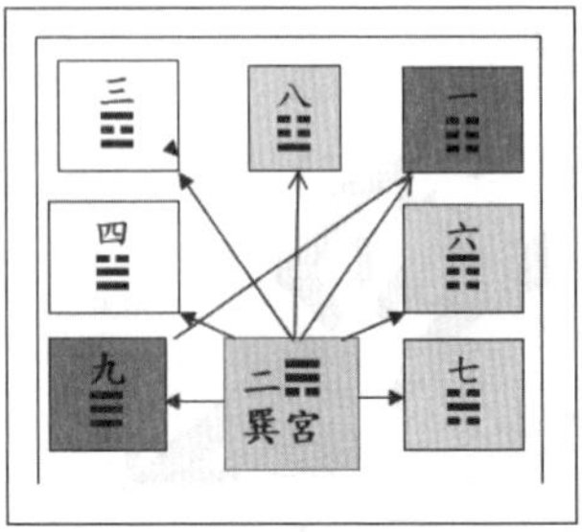

坎位神交三卦理，離宮數合一般同

先天卦為體，後天卦為用

一運時，一坤入坎宮，飛佈八宮，則一宮、二宮、三宮、四宮為正神宮位；六宮、七宮、八宮、九宮為零神宮位。但一宮與二宮、一宮與八宮互為死絕，卦氣不通。故一、三、四宮為山之三吉位。六、七、九宮為水之三吉位。

二運時，二巽入坎宮，飛佈八宮，則一宮、二宮、三宮、四宮為正神宮位；六宮、七宮、八宮、九宮為零神宮位。但二宮與九宮、二宮與一宮互為死絕，卦氣不通。故二、三、四宮為山之三吉位。六、七、八宮為水之三吉位。

上圖為一運及二運打刼法，其他三運、四運、六運、七運、八運、九運依上例打刼，相合者可取用為山的三吉位或水的三吉位。茲簡述如下：

三運時：一、二、三宮為山之三吉位。七、八、九宮為水之三吉位。

四運時：一、二、四宮為山之三吉位。六、八、九宮為水之三吉位。

下元：六、七、八、九宮為正神位。一、二、三、四宮為零神位。

六運時：六、八、九宮為山之三吉位。一、二、四宮為水之三吉位。

七運時：七、八、九宮為山之三吉位。一、二、三宮為水之三吉位。

八運時：六、七、八宮為山之三吉位。二、三、四宮為水之三吉位。

九運時：六、七、九宮為山之三吉位。一、三、四宮為水之三吉位。

陰陽宅以得水藏風為佳，但正神宮位不宜有水。正神宮位有水，為正神下水，為凶。

零神宮位可以有水，但水神雖屬本宮，而凶神近，近則氣變也會反生禍患，此為山錯。

如上元坐壬子癸向丙午丁，九離宮（丙午丁）有小水，而四巽宮（辰巽巳）及二坤宮（未坤申）有大水，九離宮雖然有水為吉，但巽坤二宮有水為凶，凶神近，近則氣變而反生禍患。

（二）八山斷法

運分上下二元，於陰陽宅現場看八宮之山水，各得其位（正神位有氣，零神位有水）者為正裝，失其位者（正神位有水，零神位有氣）為倒裝。正裝坐向者，得令大吉，失令減吉。倒裝坐向者，得令小吉，失令為凶。

（三）零正催照

正神：當元旺運之神。例如九運以離宮（九）為正神。

零神：當元正神之相對方為零神，水以衰為旺。九運以坎宮（一）為零神。

催財水：即與元運合十之零神水為催財水。九運時以一坎宮之水為催財水。

催官水：指與元運合生成之零神水為催官水。九運時，四巽宮之水為催官水。

照水：六七八九運時，一二三四之水為吉照水。死絕宮位之照水，不能論吉，以卦氣能通始能論吉；八運時以四巽宮之水為吉照水。九運時以三震宮之水為吉照水。

（四）各元運之零正催照

元運	正神	零神	催財	催官	吉照	卦氣不通
一運	1坎	9離	9離	6乾	7兌	8艮
二運	2坤	8艮	8艮	7兌	6乾	9離
三運	3震	7兌	7兌	8艮	9離	6乾
四運	4巽	6乾	6乾	9離	8艮	7兌

五黃土運，前十年寄坤土二運，二為正神，八為零神，
　後十年寄艮土八運，八為正神，二為零神。

六運	6乾	4巽	4巽	1坎	2坤	3震
七運	7兌	3震	3震	2坤	1坎	4巽
八運	8艮	2坤	2坤	3震	4巽	1坎
九運	9離	1坎	1坎	4巽	3震	2坤

貳、煞氣

大煞宜避：曜煞、刼煞、太歲、五黃會力士、二五交加等，均屬大煞。

中煞宜制之或化之。小煞可以不理。

七煞：地支每支順數至第七個字就叫七煞。子支煞在午，丑支煞在未，餘類推。時支犯之為破時，月支犯之為月破，年支犯之為歲破。

曜煞：三合家稱黃泉煞，係後天六十四卦每宮首卦之官鬼爻。

「坎龍坤兔震山猴，巽鷄乾馬兌蛇頭，艮虎離猪為煞曜，宅墓逢之百事休」。

八卦各卦之曜煞方如下：

坎宅──辰方　坤宅──卯方
震宅──申方　巽宅──酉方
乾宅──午方　兌宅──巳方
艮宅──寅方　離宅──亥方

宅外曜煞方：忌電線桿、烟囪、枯樹、屋角侵射、門路沖射、來水沖射、出水等。

宅內曜煞方：忌開門、炉灶、電視、神位、電話、辦公桌等。

刧煞：用法與曜煞同，惟不忌出水。（水口出煞係指五黃濁氣及大運零神煞氣而言，曜煞不可出水，否則招禍）

寅午戌合火局，煞在北，亥子丑（壬癸為夾煞）。
巳酉丑合金局，煞在東，寅卯辰（甲乙為夾煞）。
亥卯未合木局，煞在西，申酉戌（庚辛為夾煞）。

申子辰合水局，煞在南，巳午未（丙丁為夾煞）。

太歲：歲星所到之方產生磁場之變化。

太歲方可坐不可向，主管老板等之桌位皆不可向太歲。

地盤太歲：即支神在羅盤上的位置是固定不變的。子年在子，丑年在丑等。

太歲方動土，或向太歲之宅動土，多損宅長。

飛太歲（動盤太歲）：隨紫白星逐年入中宮，飛輪出去的太歲。如丁酉年，年紫白為一，一入中宮順飛，地盤太歲（酉年）七赤飛臨坤宮，飛太歲在坤宮。

太歲還宮：即飛太歲與地盤太歲同宮。

太歲為一切神煞之主，氣之所歸，修造遇之，宜特別小心。

五黃會力士：

五黃係宅中濁氣，包括宅五黃、大運五黃（零神）、年五黃等。

力士為歲之惡神。掌刑威殺戮。

五黃會力士之方，若誤動土，則損宅長。

狀況有二：年五黃與力士會合、宅五黃與力士會合。

力士方如下：

亥子丑年——艮卦位

寅卯辰年——巽卦位

巳午未年——坤卦位

申酉戌年——乾卦位

二五交加：

宅二黑與年五黃，宅五黃與年二黑相會合均為二五交加。

二五交加之方不可居住，亦不可動工，主損主人或重病。

五黃會力士之年庚

上元甲子六十年內	年	戊辰	癸巳	丁酉	己亥	甲辰			
	五黃 力士	巽	坤	乾	艮	巽			
中元甲子六十年內	年	己巳	癸酉	乙亥	庚辰	乙巳	己酉	辛亥	丙辰
	五黃 力士	坤	乾	艮	巽	坤	乾	艮	巽
下元甲子六十年內	年	辛巳	乙酉	丁亥	壬辰	丁巳	辛酉	癸亥	
	五黃 力士	坤	乾	艮	巽	坤	乾	艮	

大運之零神方亦作五黃論，其與宅、年二黑會合，亦屬二五交加。

金神七煞：

指二十八星宿中之角、亢、奎、婁、鬼、牛、星七個星宿而言。上吉之日課雖可制之，惟避之為宜。

第三節　二十四山運法

壹、二十四山意涵

東漢淮南子．天文訓：日行一度，十五日為一節，以生二十四時之變。即一年二十四節氣，每十五天一個節氣，象徵四季之變化。而羅盤將360度之圓周劃分為24等份，稱二十四山，因此每一山各佔15度，也是配合節氣的變化。

後天八卦之四正卦（離南、坎北、震東、兌西）及四隅卦（乾西北、坤西南、巽東南、艮東北）分布八方為八宮，每一宮位各分三山，合計二十四山。

青囊經云：先天羅經十二支，後天再用干與維，八干四維輔支位。因此二十四山之名稱便此訂定。

四正卦：離南（丙午丁）、坎北（壬子癸）、震東（甲卯乙）、兌西（庚西辛）、

四隅卦：乾西北（戌乾亥）、坤西南（未坤申）、巽東南（辰巽巳）、艮東北（丑艮寅）。

分別以十天干（戊己歸中）及十二地支代表之，不足之四隅以乾坤巽艮代之，以成二十四山。一卦（宮）管三山，每卦（宮）45度，每山15度（正線左右各7.5度）。此不僅強調八方之方位，也顯示陰陽氣在八方流行及元運更迭興衰之現象。

（一）十天干之陰陽

甲、乙（木）；丙、丁（火）；戊、己（土）；庚、辛（金）；壬、癸

（水）。

係按1、2、3、4、5、6、7、8、9、10之順序排列，居單數者為陽，居偶數者為陰。

（二）十二地支之陰陽

子、午、卯、酉天元龍：子藏癸干，午藏丁干，卯藏乙干，酉藏辛干，四干皆陰，故子午卯酉為陰。

寅、申、巳、亥人元龍：寅藏甲干，申藏庚干，巳藏丙干，亥藏壬干，四干皆陽，故寅申巳亥為陽。

辰、戌、丑、未地元龍：辰藏乙干，戌藏辛干，丑藏癸干，未藏丁干，四干皆陰，故辰戌丑未為陰。

（三）二十四山之三元

四正卦

地元龍：甲、庚、丙、壬（陽）為女婿卦（又稱逆子）。

天元龍：子、午、卯、酉（陰）為父卦。
人元龍：乙、辛、丁、癸（陰）為子卦（又稱順子）
四維卦
地元龍：辰、戌、丑、未（陰）女卦
天元龍：巽、乾、艮、坤（陽）母卦
人元龍：巳、亥、寅、申（陽）媳婦卦

二十四山之兼向
天元龍可兼人元龍：父與順子可兼，母與媳婦可兼。
天元龍不可兼地元龍：父與逆子不可兼，母與女不可兼。
人元龍不可兼地元龍：子與女不可兼，媳婦與女婿不可兼。

（四）玄空運法之基本概念

玄空：中五立極，臨制四方，此自然之交媾，亦即天地定位，山澤通氣，雷風相薄，水火不相射，陰陽和合，生生化化不易之理。

運法：時間（元運）與空間（方位）之挨排。

挨星：飛星軌跡，由皇極中宮起星，依洛書之數序飛移九宮。

青囊序云：識得陰陽元妙理，知其衰旺生與死，不問坐山與來水，但逢死氣皆無取，乾坤艮巽號御街，四大尊神在內排。

四大尊神：玄空運法以二十四山，各山在當運之生、旺、衰、死為四大尊神。各山挨到的飛星，是將來者為生、當運者旺、已過者衰、過久者死。（玄空局法以龍、山、向、水為四大尊神）

貳、運法之天地父母三般卦

不易盤：洛書盤又稱元旦盤或地盤，為不易之易盤。以二十四山各山原來之陰陽為陰陽。

交易盤：即天盤或運星盤，各運之令星（當運之天心一卦）入中順飛九宮，二十四山各山交易所得之陰陽，謂之雌雄。

變易盤：即山盤和向盤，將山向運星分別再次入中，依交易之陰陽，以陽者順飛，陰者逆飛，飛布九宮，山、向飛到之星為得令者為**正神**，飛到之星為失令者為**零神**，四大尊神在此佈排。

玄空法之挨星：變易盤二十四山，以得時得令之正神為吉，失令為凶，不以九星星運之生剋論吉凶。

天下諸書對不同，八卦只有一卦通，亦即當運之一卦最重要。

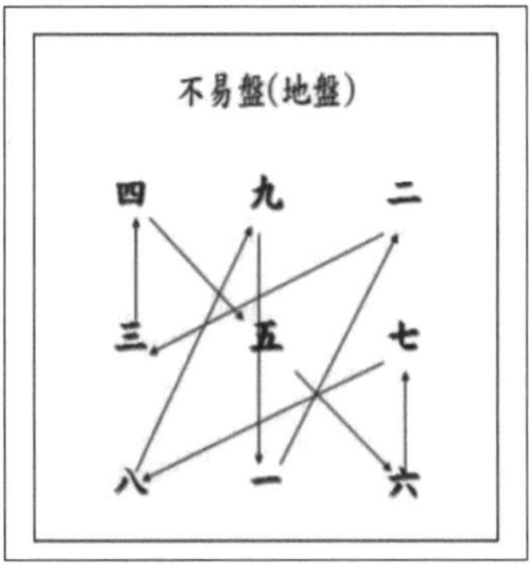

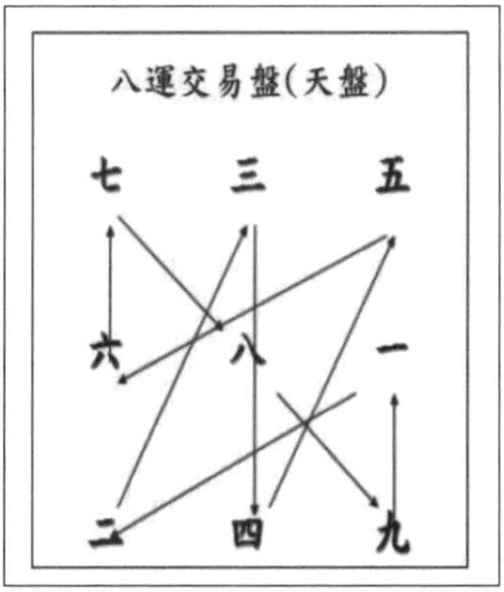

交易：以當運天心之一卦入中宮起星盤，依洛書數序軌跡順飛。

例如八運壬山丙向之交易盤

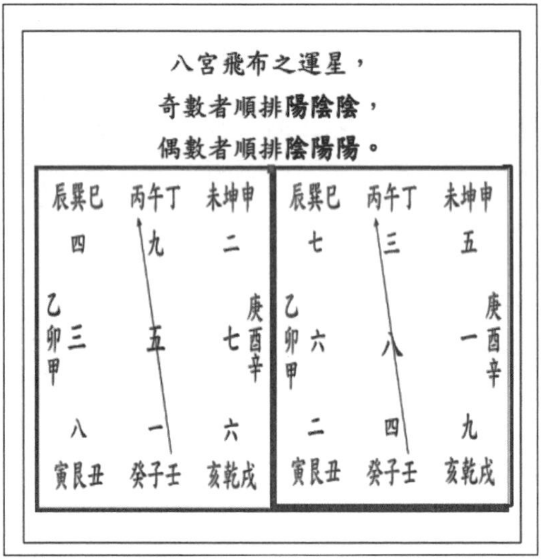

變易：以各宮運星入中宮，分別依坐星或向星交易結果之陰陽，決定坐星（或向星）之順飛或逆飛。

例：八運壬山丙向，向星丙之變易盤丙屬陽，陽則順排九星。即以飛來離宮之運星三入中宮，順飛九宮得七赤到向，亦即七赤破軍星飛臨到丙山，八運時七赤為退為衰，則丙山失令。

例：八運壬山丙向，坐山壬之變易盤，壬屬陰，陰則逆排九星。得八左輔星飛臨壬山，因八運當運之令星到坐山，則壬山為旺。

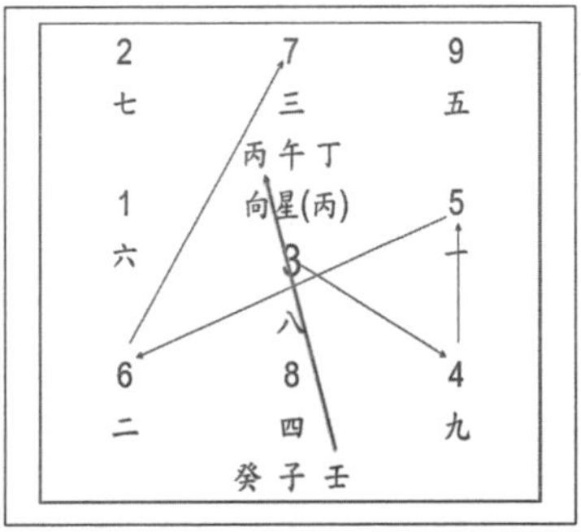

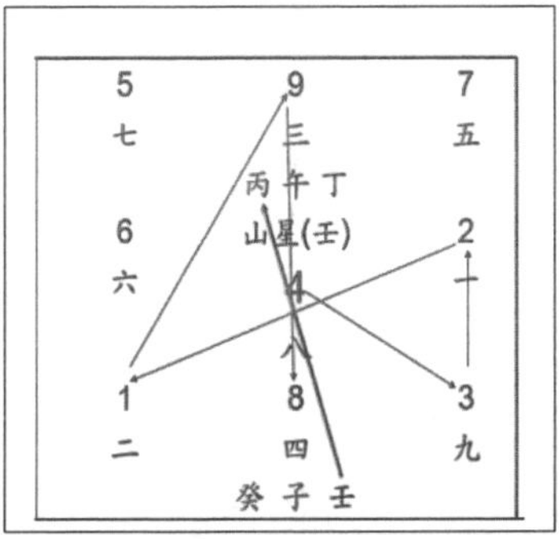

完成綜合星盤（變易盤或天盤）：

以令星到山到向決定坐星或向星之零正。

八運時二十四山挨星挨到八左輔星到山者為旺，挨到九弼星者為生，挨到其他星到山者為失令或失運。

（註：以八運乾宮為例，八運九紫到乾宮，九紫為陽，因此戌乾亥三山，順排陽（戌）陰（乾）陰（亥），陽山順飛，陰山逆飛，結果戌山飛得一白星（失令），乾亥山飛得當運令星八白到山，故乾山與亥山為得令或得運。）

八運二十四山之挨星表

五入中宮，得地盤不易之陰陽
八運八白入中宮，得八運變易盤之陰陽
（紅字為陽，陽順飛。黑字為陰，陰逆飛）

辰巽巳 四	丙午丁 九	未坤申 二
乙卯甲 三	五	七 庚酉辛
八 寅艮丑	一 癸子壬	六 亥乾戌

辰巽巳 688 七	丙午丁 788 三	未坤申 822 五
乙4 卯4 甲8 六	八運	一 3庚 8酉 8辛
二 558 寅艮丑	四 998 癸子壬	九 881 亥乾戌

參、二十四山挨星法竅

○二十四山分順逆，共成四十有八局。五行即在此中分，祖宗卻從陰陽出。

○陽從左邊團團轉，陰從右路轉相通。有人識得陰陽者，何愁大地不相逢。

○二十四山雙雙起，少有時師通此義。五行分佈二十四，時師此訣何曾記。（青囊序）

○顛顛倒、二十四山有珠寶，順逆行、二十四山有火坑。

○二十四山分五行，知得榮枯死與生。翻天倒地對不同，其中秘密在玄空。

○坤壬乙、巨門從頭出，艮丙辛、位位是破軍。巽辰亥、盡是武曲位，甲癸申、貪狼一路行。（青囊奧語）

○干維乾艮巽坤壬，陽順星辰輪。支神坎離震兌癸，陰卦逆行取。分定陰陽歸兩路，順逆推排去。知生知死亦知貧，留取教兒孫。

○甲庚丙壬俱屬陽，順推五行詳；乙辛丁癸俱屬陰，逆推論五行；陰陽順逆不同途，須向此中求；九星雙起雌雄異，玄關真妙處。山上龍神不下水，水裡龍神不上山。

○用此量山與步水，百里江山一晌間。

（天玉經）

○八山真神路：隔四位取父母，147，258，369，三元九運之動態平衡。

○挨星順飛與逆飛法則：數往者順，知來者逆，易逆數也。運星、向星、山星之飛佈如下：

當令運星：各元運當令之星入中一定順飛（八卦只有一卦通，就是指當運之一卦。）

山星（坐星）與向星：八宮各以到宮之

9	5	7	1	6	8	2	7	9
8	1	3	9	2	4	1	3	5
4	6	2	5	7	3	6	8	4
3	8	1	4	9	2	5	1	3
2	4	6	3	5	7	4	6	8
7	9	5	8	1	6	9	2	7
6	2	4	7	3	5	8	4	6
5	7	9	6	8	1	7	9	2
1	3	8	2	4	9	3	5	1

運星入中宮，再依各山星或向星變易後之陰陽（雌雄）決定順飛或逆飛，其陽者順飛，其陰者逆飛。

替卦：五黃運星到宮，該宮位五黃之氣，氣通中宮，則依當運入中令星之原宮位陰陽來代替，原宮位為陽者順飛，原宮位為陰者逆飛。此為玄空法之替卦也。

肆、兼向吉凶

空亡：陰陽二儀、四象之騎縫交界處為空亡。

出線：各山（含八山及二十四山）之交界處謂之騎縫，亦稱出線。

出卦：卦與卦（八卦及六十四卦）之交界處謂之空針，亦稱出卦。

陰陽差錯：二十四山中，地元龍左不可兼天元龍，右不可兼人元龍；天元龍不可兼地元龍，兼之謂之陰陽差錯。（註：分金線接近兩山交界處謂之兼）

火坑：六十透地氣（平分透地龍）天干戴地支之位，謂之火坑。空亡、出線、出卦、陰陽差錯、火坑，均以凶論：主官非，訟事，血光之災，破財損丁，夫妻失和，兄弟不睦，精神異常，進退維谷等凶兆。

天玉經云：江東一卦從來吉，八神四個一。江東一卦即指地元龍而言，八神者甲、庚、丙、壬、辰、戌、丑、未也，此八神左不能兼天，右不能兼人，一卦只有一卦可用，故曰，八神四個一。

天玉經云：江西一卦排龍位，八神四個二。此指天元龍及人元龍而言，因天人兩卦之陰陽屬同類，彼此可以兼用，一卦而得兩卦之用，故曰八神四個二也。

伍、二十四山收山出煞

收山：將坐山生旺之氣（飛星）置於高處，將向上之生旺氣（飛星）置於有水處。

出煞：將坐山之衰死氣（飛星）置於有水處或低處，將向上之衰死氣（飛星）置於高處。

陸、玄空挨星狀況

一、令星到山到向

富貴貧賤在水神，水是山家血脈精，山靜水動晝夜定，水主財祿山人丁。（青囊序）

水到御街官便至，神童狀元出，印綬若然居水口，御街近台輔，鼕鼕鼓角隨流水，艷艷紅旂貴。（天玉經）

先定來山後定向，聯珠不相放，須知細覓五行蹤，富貴結金龍。（天玉經）

例：八運之丑山未向、乾山巽向、亥山巳向，均為令星到山到向。

二、雙星到山

例：八運之壬山丙向。

三、雙星到向

例：八運之卯山酉向，乙山辛向，庚山甲向，子山午向，癸山丁向。

四、上山下水

山上龍神不下水，水裡龍神不上山，用此量山與步水，百里江山一晌間。（青囊序）

例：八運之戌山辰向、艮山坤向、寅山申向。

柒、伏吟及反吟

伏吟：山盤或向盤之飛星數字，若與洛書標準九宮圖（元旦盤）之數字相同者，謂之伏吟。

例：一運之壬山丙向之向盤。七運庚山甲向之向盤。八運之艮山坤向、寅山申向之向盤。

另有一說：飛星盤與運星盤（天盤）相同之星相遇時，也是犯伏吟。例如：八運之子山午向之星盤中，在酉向之飛星，與酉山之運星都是1。

反吟：山盤或向盤之飛星數字，與九宮元旦盤之本位宮數字相加，合10者稱之。

例如：七運酉山卯向之向星盤。

反吟伏吟盤共有二十八局，凡五黃入中順飛，必造成伏吟。

不同飛星入中，也會犯上個別宮位的反伏吟之局。

一白入中：逆飛—震宮—伏吟。順飛—兌宮—反吟。

二黑入中：逆飛—艮宮—伏吟。順飛—坤宮—反吟。

三碧入中：逆飛—巽宮—伏吟。順飛—乾宮—反吟。

四綠入中：逆飛—離宮—伏吟。順飛—坎宮—反吟。

五黃入中：逆飛—全部—伏吟。順飛—全部—反吟。

六白入中：逆飛—坎宮—伏吟。順飛—離宮—反吟。

七赤入中：逆飛—乾宮—伏吟。順飛—巽宮—反吟。

八白入中：逆飛—坤宮—伏吟。順飛—艮宮—反吟。

九紫入中：逆飛—兌宮—伏吟。順飛—震宮—反吟。

三元九運各運之生旺衰死

運	一運	二運	三運	四運	五運	六運	七運	八運	九運
生	二	三	四	五	六	七	八	九	一
旺	一	二	三	四	五	六	七	八	九
衰（有氣無力）	三	四	五	六	七	八	九	一	二
	四	五	六	七	八	九	一	二	三
	五	六	七	八	九	一	二	三	四
死（死氣沉沉）	六	七	八	九	一	二	三	四	五
	七	八	九	一	二	三	四	五	六
	八	九	一	二	三	四	五	六	七

當運者旺，來運者生，
退運者衰，退久者死。

二十四山三元九運挨星一覽表

上元	江	西		
八宮	一 坎	二 坤	三 震	四 巽
24山	壬子癸	未坤申	甲卯乙	辰巽巳
九星	巨祿貪	祿巨貪	貪祿巨	武武文
一 運	122	411	166	811
二 運	322	255	722	922
三 運	344	633	833	311
四 運	544	744	499	244
五 運	655	588	155	533
六 運	677	966	622	644
七 運	877	711	377	755
八 運	899	822	844	688
九 運	199	933	599	977
下元	江	東		
八宮	六 乾	七 兌	八 艮	九 離
24山	戌乾亥	庚酉辛	丑艮寅	丙午丁
九星	文文武	輔弼破	弼破輔	破弼輔
一 運	133	511	177	911
二 運	422	266	288	211
三 運	355	733	399	233
四 運	466	488	144	433
五 運	577	955	522	455
六 運	866	611	366	566
七 運	799	277	477	766
八 運	188	388	855	788
九 運	299	944	699	988

捌、九運天盤二十四山之得令與失令

範例：由上圖可知，九運時二十四山之挨星結果如下：

1.天心一卦九紫弼星入中宮，順布九宮，各宮位諸山之當令與失令如下。

2.一白貪狼星入乾宮，戌山失令，乾亥山當令。

3.二黑巨門星入兌宮，庚山得令，酉辛山失令。

4.三碧祿存星入艮宮，丑山失令，艮寅山當令。

5.四綠文曲星入離宮，丙山當令，午丁山失令。

6.五黃廉貞星入坎宮，壬山失令（生），子癸山當令（旺）。

7.六白武曲星入坤宮，未山當令，坤申山失令。

8.七赤破軍星入震宮，甲山失令，卯乙山當令。

9.八白左輔星入巽宮，辰山當令，巽巳山失令。

10.各宮飛入之運星，為主控該宮位九運二十年之大運，運用時尚需注意

(1)八山運法之正裝或倒裝；(2)各山當令與失令之情形，(3)形局來氣之吉凶。作為判斷依據。

玖、九星：玄空法之九星不談生尅，得令為吉，失令為凶。

1. 一白貪狼星

一白坎☵卦，屬水、屬中男、屬青年人。一白坎與九紫離，合成水火不相射。

得令：為官星，文科，出聰明之子，發文名。士人必得其祿，庶人進財，出人清秀。最宜一四同宮（同入一個宮），或返本宮，或落巽宮、乾宮。同宮聯星均吉（一白入六宮為聯星）。在向發財，在山旺丁。

失令：為陷星。失財、嗜酒、出人性情不定，善於陷人，作事有始無終，如受其剋煞，即有剋妻或喪子之痛。耳、血、腎、子宮、膀胱、糖尿、尿毒、心臟、氣喘等病，凶者落水而亡。一白到氣口，得令失令同一效果，如一白水再遇年月三八聯星者，會發生大不幸事。

2. 二黑巨門星

二黑坤 ☷ 卦屬土，屬老母、主婦、屬老年人。二黑土會六乾金，成天地定位。

得令：發田財，旺人丁，或醫藥起家。向首有水而得令者，醫藥興家。有葫蘆形之水者出名醫，在氣口亦同。

失令：為病符星，宅母多病、流產，或受婦女之累，或因女子而招是非。肚、脾胃之病，或受小人之害，凶者出寡婦。

二五交加時，非亡則重病，或種種失財。

二黑會九紫或五黃或七赤，再會戊己都天，主火災，招是非。

二黑會三碧鬥牛煞，主是非口舌，肚脾胃之疾。

二黑方不可修動，犯者不利，其病必久；若向六白方動土，可以調劑，或在二黑所到之方，掛一金屬製之風鈴，以金德解化之。

3.三碧祿存星

三碧震☳卦，屬木，屬長男，屬壯年人。主是非鬥爭刑傷。三碧震會四綠巽，合成雷風相薄。

得令：興家立業，富貴功名，有文武之名。

失令：為蚩尤星，為禍害星。官災是非、殘病、被劫、肢殘、膿血之災，肝病。逢七為穿心煞，被劫官災。會五黃瘟疾急症。逢二、八、五黃為鬥牛煞，主是非或見官災。

4.四綠文曲星

四綠巽☴卦，屬木，屬長女，屬壯年人。四綠可化三碧之凶。

得令：主科甲文名，或官職，好文藝。如四一同宮，或四一聯星，發文才，如雙四同宮亦吉，主得貴人相助、進財。

失令：剋煞、自傷傾向、淫佚流蕩、或好花酒，到氣口亦同論。於身體則有股肱或呼吸系統之病，膽病、中風、瘋癲、哮喘諸症。如一四同宮，風流或放蕩。如形勢凶猛破碎、或交叉路、或水路細小形勢不美者，恐有自殺之可能，及種種失財。

5.五黃廉貞星

五黃中宮無卦，本性屬土，變性屬火。

得令：旺田產、生武略之人，資財大進。

失令：為五黃沖關煞，宜靜不宜動，動則凶。生血症，開刀、車禍、癌症、瘡毒等，及種種失財。

五運挨得五黃為旺氣，其餘各運挨得五黃之處均為不吉。如五黃會力士或會劫煞，則不宜造葬或修整，否則非死即禍，輕者重病，重者死亡。宜化不宜制，剋則禍。會太歲或歲破者，禍患頻頻。三五交加犯穿心煞，亦興災作禍。二五交加非亡則重病。如在八白方動作則遇險呈祥。如值戊己都天，再會七九火數，或有大石尖峰觸其怒，古樹助其威者，小心火災。

劫煞如下：寅午戌年劫煞在亥、亥卯未年劫煞在申、申子辰年劫煞在巳、巳酉丑年劫煞在寅。

6. 六白武曲星

六白乾 ☰ 卦，屬金、屬老父、屬老年人。可化解二黑之凶。六白乾會二黑坤，合成天地定位。

得令：權威震世，巨富多丁，文武貴，升官進職，添丁進財，六一或六八聯星或同宮更吉。

失令：孤苦伶丁，刑妻剋子，頭、腦、肺、大腸、骨、首之疾。會九紫長房血症，會七赤交劍煞，失竊，逢二不忌病符星，反主生財，逢八更吉，遇五黃不忌。

如白虎山形勢斷頭者，受刑傷、或生鰥夫，及種種失財。

失令的六白到氣口與上述同一效果。

7.七赤破軍星

七赤兌☱卦，屬金，屬小女，屬少年人。七赤兌與八白艮，合成山澤通氣。

得令：丁財具增，生武貴、發刑名。

失令：有毀折之慮、小人之累、盜賊之情、官非之事，小女受害。。肺痰、舌口之病，刀傷。七赤逢二、五、九或聯星，逢戊己都天，見形勢凶，有紅廟或尖峰古樹助其威者，會發生火災，忌夏月。如八白和之，合成十五者可免。逢三被劫、官非，逢六交劍煞，失竊破財，逢五或戊己都天為禍更凶。到氣口或向得令，醫藥起家。如前面破碎者，出缺唇之人，因兌為口也。

8.八白左輔星

八白艮☶卦，屬土，屬小男，屬少年人。可化解五黃之凶，七赤之害。

得令：為財帛星。富貴功名，丁財兩旺，有意外之橫財。與一、六皆為吉論，並稱為三白吉星。本性慈祥能化解凶神，八白又主財帛星，主添丁得橫財，或有意外之機緣。

失令：艮為肱股筋絡，易患筋傷股折之事，及有關鼻病、手、指、臂、筋脈、神經、胃腸、骨折。前面之山凶惡者更凶，如一個八白土逢四九聯星者，會發生大不幸事。

9.九紫右弼星

九紫離 ☲ 卦，屬火，屬中女，屬青年人。九紫離與一白坎，合成水火不相射。

得令：主喜慶，旺丁財、文才、貴秀。因性燥，逢吉立刻發福。

失令：逢凶立刻降禍，心、三焦、血、小腸、心臟、熱症、眼病、不孕、流產。如前有巉岩尖石者必主火災，凡到氣口亦如此斷。失令而前面有巉岩尖者損目。逢二、五、七，再逢戊己都天，而見形者，火災及失財。

第四節　紫白九星

壹、八卦與九星

一、九星之類象：

先天卦為體，後天卦為用。
體無用不靈，用無體不驗。

星數	卦象	卦名	方位	星名	五行	人物	代表	人體	人事
1	☵	坎	北	貪狼	水	中男	桃花星 外出星	耳、腎、血	坎陷也 陷害
2	☷	坤	西南	巨門	土	母親	病符星	腹、脾、胃、 子宮、肉	坤順也 小人
3	☳	震	東	祿存	木	長男	官非星 破財星	足、肝、頭髮 、聲音	震動也 虛驚
4	☴	巽	東南	文曲	木	長女	文昌星	股、呼吸器官 、風疾	巽入也 不定
6	☰	乾	西北	武曲	金	父親	驛馬星 武財星	首、肺、骨	乾健也 猶疑
7	☱	兌	西	破軍	金	少女	破耗星 殺星	口、舌、喉 、肺、痰	兌說也 口謗
8	☶	艮	東北	左輔	土	少男	財帛星	手、四肢、 鼻、背	艮止也 阻礙
9	☲	離	南	右弼	火	中女	喜慶星桃 花星	目、上焦、 心	離麗也 文書

二、紫白九星之性情

一白貪狼星：坎卦屬水，為紫白之首，為魁曜，掌官貴及男丁，為最吉之星。

二黑巨門星：坤卦屬土，為病符星，乃疾病之神，為凶星。

三碧祿存星：震卦屬木，為蚩尤星、禍害星，流年逢七赤會合，主被盜、官非、肢殘、肝病。

四綠文曲星：巽卦屬木，為文昌星，應讀書學問，係吉星，四一同宮主發科甲。

五黃廉貞星：中五無卦，五行屬土，係沖關煞，宜靜不宜動，動則凶。

六白武曲星：乾卦屬金，為驛馬星、武財星，逢生氣尤旺丁，係吉星，可化解二黑之凶。

七赤破軍星：兌卦屬金，為破耗星，會九紫流年主火災，宅衰逢煞尤驗。

八白左輔星：艮卦屬土，為財帛星，會年六白，主升遷發貴。可化解五黃之凶及七赤之害。若逢四九聯星會發生不幸事。

九紫右弼星：離卦屬火，為桃花星，可為吉亦可為凶，逢艮宅或艮宮位可催丁，逢七赤犯火災，有紅色、尖形物尤驗。

三、九星組合之吉凶現象

1.九星之休咎由生剋而來，以飛星同宮相遇為準。

2.九星以「一、六、八」三白為三吉。大部分可成就一切美舉。

3.「一、四」同宮主科名，號青雲得路，有文華硯池鼎元之兆。

4.「一、六」同宮主催官，遇旺水秀峰，官居極品。

5.「二、三」同宮為鬥牛煞，為小凶，主官事或口舌是非，煩惱多端，疲於奔命。

6.「二、五」交加主損主，亦主重災病。「二、五」到氣口到灶，小心連傷人口。

7.「三、七」到動處氣口，防露財招盜，或病後涉訟。腳病難免。

8.「四、九」同宮有凶有吉。
9.「五、七」同宮，廉貞星會破耗星主大凶。
10.「六、七」為交劍煞、官非、不合、血光車禍、破財、窩裡反。「六、七」或「二、三」到氣口、動處及水照處，必發生口角、鐵血及殺傷等事。
11.「六、八」為武庫，亦主財帛，主異途功名。內外氣口，得「六、八」「一、四」，聲名好。
12.「七、九」同宮有回祿之災，心臟病、高血壓、血光、產難、剋女人。
13.「八、九」為輔弼輝映，田園富盛，子孫蕃衍。
14.廁所建在四綠上，有污文章。
15.二黑坤與六白乾合成天地定位，故六白可化解二黑之害。
16.三碧震與四綠巽合成雷風相薄，故四綠可解三碧之凶。
17.七赤兌與八白艮合成山澤通氣，故八白可化解七赤之害及五黃之凶。

18.九紫離與一白坎合成水火不相射，為紫白之吉利組合。

貳、紫白飛星

(一) 年紫白

年紫白係指歲運之星。
上元甲子由一白逆取順挨。
中元甲子由四綠逆取順挨。
下元甲子由七赤逆取順挨。
一年一星周而復始。

公元	甲子 1924 1984	乙丑	丙寅	丁卯	戊辰	己巳	庚午	辛未	壬申
公元	癸酉 1933 1993	甲戌	乙亥	丙子	丁丑	戊寅	己卯	庚辰	辛巳
公元	壬午 1942 2002	癸未	甲申	乙酉	丙戌	丁亥	戊子	己丑	庚寅
公元	辛卯 1951 2011	壬辰	癸巳	甲午	乙未	丙申	丁酉	戊戌	己亥
公元	庚子 1960 2020	辛丑	壬寅	癸卯	甲辰	乙巳	丙午	丁未	戊申
公元	己酉 1969 2029	庚戌	辛亥	壬子	癸丑	甲寅	乙卯	丙辰	丁巳
公元	戊午 1978 2038	己未	庚申	辛酉	壬戌	癸亥			
上元	一白	九紫	八白	七赤	六白	五黃	四綠	三碧	二黑
中元	四綠	三碧	二黑	一白	九紫	八白	七赤	六白	五黃
下元	七赤	六白	五黃	四綠	三曆	二黑	一白	九紫	八白

(二) 月紫白

月紫白係指每月當運之星，依節氣而變更。年月紫白飛星以逆取順挨飛布九宮。

年＼月	一月、十月	二月十一月	三月十二月	四月	五月	六月	七月	八月	九月
子午卯酉年	八白	七赤	六白	五黃	四綠	三碧	二黑	一白	九紫
辰戌丑未年	五黃	四綠	三碧	二黑	一白	九紫	八白	七赤	六白
寅申巳亥年	二黑	一白	九紫	八白	七赤	六白	五黃	四綠	三碧

（三）日紫白

日紫白係指每日當運之星。

冬至至立春由一白起甲子順取順挨，

雨水至清明由七赤起甲子順取順挨，

谷雨至芒種由四綠起甲子順取順挨。

夏至至立秋由九紫起甲子逆取逆挨，

處暑至寒露由三碧起甲子逆取逆挨，

霜降至大雪由六白起甲子逆取逆挨。

（註：每月月令轉換以節氣為準。）

日紫白
冬至至立春：由一白起甲子順取順挨

甲子	乙丑	丙寅	丁卯	戊辰	己巳	庚午	辛未	壬申	癸酉
1	2	3	4	5	6	7	8	9	1
甲戌	乙亥	丙子	丁丑	戊寅	己卯	庚辰	辛巳	壬午	癸未
2	3	4	5	6	7	8	9	1	2
甲申	乙酉	丙戌	丁亥	戊子	己丑	庚寅	辛卯	壬辰	癸巳
3	4	5	6	7	8	9	1	2	3
甲午	乙未	丙申	丁酉	戊戌	己亥	庚子	辛丑	壬寅	癸卯
4	5	6	7	8	9	1	2	3	4
甲辰	乙巳	丙午	丁未	戊申	己酉	庚戌	辛亥	壬子	癸丑
5	6	7	8	9	1	2	3	4	5
甲寅	乙卯	丙辰	丁巳	戊午	己未	庚申	辛酉	壬戌	癸亥
6	7	8	9	1	2	3	4	5	6

日紫白

雨水至清明：由七赤起甲子順取順挨

甲子	乙丑	丙寅	丁卯	戊辰	己巳	庚午	辛未	壬申	癸酉
7	8	9	1	2	3	4	5	6	7
甲戌	乙亥	丙子	丁丑	戊寅	己卯	庚辰	辛巳	壬午	癸未
8	9	1	2	3	4	5	6	7	8
甲申	乙酉	丙戌	丁亥	戊子	己丑	庚寅	辛卯	壬辰	癸巳
9	1	2	3	4	5	6	7	8	9
甲午	乙未	丙申	丁酉	戊戌	己亥	庚子	辛丑	壬寅	癸卯
1	2	3	4	5	6	7	8	9	1
甲辰	乙巳	丙午	丁未	戊申	己酉	庚戌	辛亥	壬子	癸丑
2	3	4	5	6	7	8	9	1	2
甲寅	乙卯	丙辰	丁巳	戊午	己未	庚申	辛酉	壬戌	癸亥
3	4	5	6	7	8	9	1	2	3

日紫白

谷雨至芒種：由四綠起甲子順取順挨

甲子	乙丑	丙寅	丁卯	戊辰	己巳	庚午	辛未	壬申	癸酉
4	5	6	7	8	9	1	2	3	4
甲戌	乙亥	丙子	丁丑	戊寅	己卯	庚辰	辛巳	壬午	癸未
5	6	7	8	9	1	2	3	4	5
甲申	乙酉	丙戌	丁亥	戊子	己丑	庚寅	辛卯	壬辰	癸巳
6	7	8	9	1	2	3	4	5	6
甲午	乙未	丙申	丁酉	戊戌	己亥	庚子	辛丑	壬寅	癸卯
7	8	9	1	2	3	4	5	6	7
甲辰	乙巳	丙午	丁未	戊申	己酉	庚戌	辛亥	壬子	癸丑
8	9	1	2	3	4	5	6	7	8
甲寅	乙卯	丙辰	丁巳	戊午	己未	庚申	辛酉	壬戌	癸亥
9	1	2	3	4	5	6	7	8	9

日紫白
夏至至立秋：由九紫起甲子逆取逆挨

甲子	乙丑	丙寅	丁卯	戊辰	己巳	庚午	辛未	壬申	癸酉
9	8	7	6	5	4	3	2	1	9
甲戌	乙亥	丙子	丁丑	戊寅	己卯	庚辰	辛巳	壬午	癸未
8	7	6	5	4	3	2	1	9	8
甲申	乙酉	丙戌	丁亥	戊子	己丑	庚寅	辛卯	壬辰	癸巳
7	6	5	4	3	2	1	9	8	7
甲午	乙未	丙申	丁酉	戊戌	己亥	庚子	辛丑	壬寅	癸卯
6	5	4	3	2	1	9	8	7	6
甲辰	乙巳	丙午	丁未	戊申	己酉	庚戌	辛亥	壬子	癸丑
5	4	3	2	1	9	8	7	6	5
甲寅	乙卯	丙辰	丁巳	戊午	己未	庚申	辛酉	壬戌	癸亥
4	3	2	1	9	8	7	6	5	4

日紫白
處暑至寒露：由三碧起甲子逆取逆挨

甲子	乙丑	丙寅	丁卯	戊辰	己巳	庚午	辛未	壬申	癸酉
3	2	1	9	8	7	6	5	4	3
甲戌	乙亥	丙子	丁丑	戊寅	己卯	庚辰	辛巳	壬午	癸未
2	1	9	8	7	6	5	4	3	2
甲申	乙酉	丙戌	丁亥	戊子	己丑	庚寅	辛卯	壬辰	癸巳
1	9	8	7	6	5	4	3	2	1
甲午	乙未	丙申	丁酉	戊戌	己亥	庚子	辛丑	壬寅	癸卯
9	8	7	6	5	4	3	2	1	9
甲辰	乙巳	丙午	丁未	戊申	己酉	庚戌	辛亥	壬子	癸丑
8	7	6	5	4	3	2	1	9	8
甲寅	乙卯	丙辰	丁巳	戊午	己未	庚申	辛酉	壬戌	癸亥
7	6	5	4	3	2	1	9	8	7

日紫白

霜降至大雪：由六白起甲子逆取逆挨

甲子	乙丑	丙寅	丁卯	戊辰	己巳	庚午	辛未	壬申	癸酉
6	5	4	3	2	1	9	8	7	6
甲戌	乙亥	丙子	丁丑	戊寅	己卯	庚辰	辛巳	壬午	癸未
5	4	3	2	1	9	8	7	6	5
甲申	乙酉	丙戌	丁亥	戊子	己丑	庚寅	辛卯	壬辰	癸巳
4	3	2	1	9	8	7	6	5	4
甲午	乙未	丙申	丁酉	戊戌	己亥	庚子	辛丑	壬寅	癸卯
3	2	1	9	8	7	6	5	4	3
甲辰	乙巳	丙午	丁未	戊申	己酉	庚戌	辛亥	壬子	癸丑
2	1	9	8	7	6	5	4	3	2
甲寅	乙卯	丙辰	丁巳	戊午	己未	庚申	辛酉	壬戌	癸亥
1	9	8	7	6	5	4	3	2	1

（四）時紫白

1.冬至後順行起子時（順取順挨）

子午卯酉日由一白起子時

辰戌丑未日由四綠起子時

寅申巳亥日由七赤起子時

2.夏至後逆行起子時（逆取逆挨）

寅申巳亥日由三碧起子時

辰戌丑未日由六白起子時

子午卯酉日由九紫起子時

日	時辰／節氣	子 23-01時	丑 01-03時	寅 03-05時	卯 05-07時	辰 07-09時	巳 09-11時	午 11-13時	未 13-15時	申 15-17時	酉 17-19時	戌 19-21時	亥 21-23時
子午卯酉	冬至後	一	二	三	四	五	六	七	八	九	一	二	三
	夏至後	九	八	七	六	五	四	三	二	一	九	八	七
辰戌丑未	冬至後	四	五	六	七	八	九	一	二	三	四	五	六
	夏至後	六	五	四	三	二	一	九	八	七	六	五	四
寅申巳亥	冬至後	七	八	九	一	二	三	四	五	六	七	八	九
	夏至後	三	二	一	九	八	七	六	五	四	三	二	一

參、紫白飛星之應用

一、紫白飛星可應用於下列之情況

1.複驗所擇之吉日，開工動土是否適宜。

2.修造陰陽宅之破土（動土）方，是否適宜。

3.宅之門口氣口，如預期有凶煞星到宅，則宜提前注意，不要隨意翻修造作，待時辰過後，再行擇期及選擇吉利方位造作。

4.開工動土，宜選擇吉方先行動作，再依序動到其他方位。

二、例一：

1.2020年5月3日7至9時，發生於南部某市住宅火災案。是日為農曆四月十一日（庚子年、庚辰月、丙午日、辛卯時）。

2.該陽宅之座向為99度，辛山乙向（震宮）。

3.當日紫白星：年七赤、月五黃、日七赤、時四綠。

各星入中飛佈八方，當時到向（門口震宮）紫白星是年五黃、月三碧、日五黃、時二黑。

巽宮 年飛星　六 月飛星　四 日飛星　六 時飛星　三	離宮 年飛星　二 月飛星　九 日飛星　二 時飛星　八	坤宮 年飛星　四 月飛星　二 日飛星　四 時飛星　一
震宮 **年飛星　五** **月飛星　三** **日飛星　五** **時飛星　二**	中宮 年紫白　七 月紫白　五 日紫白　七 時紫白　四	兌宮 年飛星　九 月飛星　七 日飛星　九 時飛星　六
艮宮 年飛星　一 月飛星　八 日飛星　一 時飛星　七	坎宮 年飛星　三 月飛星　一 日飛星　三 時飛星　九	乾宮 年飛星　八 月飛星　六 日飛星　八 時飛星　五

4、推論：

(1)日時飛星為二五交加為重災煞，年月飛星為三碧五黃合為穿心煞，月日飛星為二黑三碧合為鬥牛煞，不利條件因此形成。

(2)該宅坐辛向乙（坐西向東），左前丑方有建築工地，已建至四至五樓，後側方（戌方）也有建築工地。八運門向氣口乙山失運，地劫天星坐落丑方，戌方是劫煞星，均宜靜不宜動，動則觸動向星二五之害，終釀不幸。

例二：

1.某公司擇日定於2021年1月12日巳時動土興建廠房。合農曆庚子年、己丑月，庚申日，辛巳時。（註：月令依節氣而定）

2.當日紫白值星為：年七赤、月六白、日三碧、時七赤，飛布八宮如下圖。

巽宮 年飛星 六 月飛星 五 日飛星 二 時飛星 六	離宮 年飛星 二 月飛星 一 日飛星 七 時飛星 二	坤宮 年飛星 四 月飛星 三 日飛星 九 時飛星 四
震宮 年飛星 五 月飛星 四 日飛星 一 時飛星 五	中宮 年紫白 七 月紫白 六 日紫白 三 時紫白 七	兌宮 年飛星 九 月飛星 八 日飛星 五 時飛星 九
艮宮 **年飛星 一** **月飛星 九** **日飛星 六** **時飛星 一**	坎宮 年飛星 三 月飛星 二 日飛星 八 時飛星 三	乾宮 年飛星 八 月飛星 七 日飛星 四 時飛星 八

3.評估：艮宮年日時之飛星，吉星最多，月九紫星，遇吉則吉，故從艮宮先動土。

第五節　玄空紫白訣法

壹、前言

1.運＝星＝卦＝數，相互為用。

2.玄空法以不易、交易、變易結果，決定二十四山坐山立向之生、旺、衰、死。

3.紫白訣法則以挨星結果之向星盤和山星盤，為起星下卦之依據。

4.陽宅以向星為主為上卦，山星飛到向首之星為賓為下卦，得一成卦，作為進一步推論吉凶生尅的依據。

5.陰宅除向首之下卦結果外，也參考坐山之下卦。坐山以山星為主，向星飛到坐山之星為賓，得一成卦，作為推論家族人丁之發展；陰宅向星下卦結果，作為推論家族之財運。

6.紫白九星以八卦為體，以卦之性情為性情，以九星五行之生尅決定吉凶。

7.各山主星（向首以向星為主，坐山以山星為主）下卦結果，判斷其吉凶禍福者，為小玄空法；若再參斟地盤宮星、天盤運星、旁宮之星盤、及年月紫白星，做綜合深入之判斷者，為大玄空法。

8.結合玄空法與紫白九星之大玄空法者，為玄空紫白訣，此為圖參書，書參圖也。

貳、其他注意要則

1.先辨明虛實動靜：楊公筠松云：「虛處動來實處靜，空邊引氣實邊收，命從來處天然定」。以空處及天心一卦為真龍，這是形勢與理氣兼重，不可忽視。

2.其次要知情（正神與零神），細察金龍動不動（天心之一卦），次察血脈認來龍（得令不得令）。

3.八山運法，正神宮位不宜有水，有水則為正神下水。注意高樓、大山、嶠星等迴風返氣，此為來氣之變則。

4.玄空法以二十四山各山挨星得令為運吉，遇吉更吉，遇凶則平平。各山失令為不得運，遇吉平平，遇凶更凶。

5.紫白九星以五行生尅論吉凶，以卦理解析所發生之人事地物。

6.陰宅與陽宅斷法尚需注意，要辨明來氣與乘氣。山龍屬陰氣，由高而下，需要乘（騎）得著；水龍屬陽氣，由低而上，需要（受）納得著，知所乘受為陰陽宅之別。

7.玄空紫白訣法，係以玄空法之向星或山星為主，以紫白九星為輔，論吉凶生尅，如陽宅向星是一白貪狼星，挨得山星到向首為六白乾金，為一白見六白，再參考以下資料推斷之。

參、玄空紫白訣斷法（小玄空法）

一白星主事：一白星屬水，為貪狼，為官星，後天卦屬坎。

一白見一白：雙一到向或到坐，盪成 ䷜ 坎為水卦，水見水比和，內外六爻具靜。

得令：添丁進財，但不長久。

失令：生氣全無，平凡而已，會退財或患脾虛之症。

一白見二黑：坎坤盪成 ䷇ 水地比卦，水受土剋。

得令：如合地盤或天盤六七者，為土生金而金生水，因坤屬土，故有田莊之富。

失令：需防老母多病或死亡，或受婦之辱，或患脾胃之疾，或中男溺水，或損丁破財，或無丁繼承香火之慮，腹疾腎病災禍重重，中男不利。

一白見三碧：坎震盪成䷂水雷屯，水生木為生出。

得令：尚可進財發科甲，坎震均為男卦，多產男丁。

失令：中男先敗，長房次之，下元虛損，傷小口、官非，如水斜流者，必是非牽連，如年月飛星遇三八聯星者，會發生不幸事。

一白見四綠：坎巽盪成䷯水風井卦，水見木生出。

得令：一四合五，謂之狀元筆到宮，主文科出官貴，或得貴人扶持，子孫昌盛，男聰女秀，子孝孫賢，廣進財產。

失令：放蕩風流，花天酒地，淫亂賭博，退財或凶死，久則寡婦當家。

一白見五黃：五黃屬土，五黃土尅一白水為剋入。

得令：田莊起家，出武略之人。

失令：暗疾或花柳病、腎病、子宮癌、腎癌、中毒、黃腫。

一白見六白：坎乾盪成䷄水天需卦，金生水為生入，又合一六聯星，更合生成之數。

得令：人才傑出，房房均發，丁財兩旺，財貴並茂。

失令：痰疾肺病，頭風或中風等，長房老翁病弱，金寒水冷，退財兼下元之病。

一白見七赤：坎兌盪成 ䷻ 水澤節卦，一七不合，但合陰陽。

得令：平安無事，旺田宅起人文。

失令：金寒水冷，中房小房人丁稀薄，恐有敗絕之虞，或遇盜賊橫禍，瘋狂做事不當，或出流氓犯官事，或貪花街之酒，肝病、陰症、婦女多病，或妻佔權，中房不吉，如出外鄉不回者無妨。

一白見八白：坎艮盪成 ䷦ 水山蹇卦，水受土剋，一八為數不合，但兩者均為白星。

得令：可平安過日，多丁，如天盤或地盤見六七者，有田莊之富。

失令：恐有長房不孝母親，中房在家不吉退財，出外則吉，易患耳病氣喘下元病，如年星再遇三者，成一個一白星遇三八聯星，會發生大不幸事。

一白見九紫：坎離盪成䷾水火既濟卦，為數一九合十。

得令：資財廣進，夫婦恩愛，得貴人相助，多產男兒

失令：中房夫婦不睦，退財丁或小產，或受邪作弄，口舌是非，血崩腎病，剋妻，中女不利。

二黑星主事：二黑屬土，為巨門星，後天卦屬坤。

二黑見一白：坤坎盪成䷆地水師，土剋水剋出。

得令：相安無事，出貴秀。

失令：主出忤逆之子，中房受損，出外無妨，在家不發狂則失丁，犯官事災禍。如建告時挨得旺山旺向，形勢得宜者可發二十年。

失令如合城門訣者，可繼續發達進財，易犯脾胃之病，或受妻

之差，或腎虛之症，中男不利。

二黑見二黑：坤與坤疊成 ䷁ 坤為地，二土比合，為數不合，且卦爻不動。

得令：平穩進步，平安無事。

失令：二黑為病符星，坤為母故多病，肚脾胃、或家內藥碗不除，或出寡婦，如天盤逢九，為目中有土，有盲目之虞。

二黑見三碧：坤震疊成 ䷗ 地雷復卦，土受木剋為剋入，為數二三合五，先天木火相生。

得令：添丁進財，平安過日

失令：二逢三為鬥牛煞，犯災禍官非，出流氓毆鬥折足，是非口舌，出忤逆不孝老母，長房人丁退財，犯刑剋、絕丁、博飲、失財產，山或水相沖更凶，母不利。

二黑見四綠：坤巽疊成 ䷭ 地風升卦，土被木剋得令：二與四通，土旺而被木疏通，尚能發達一時，享福一時。
失令：女人不利，非病則亡，多患瘋疾，或傷脾胃肚腸等病，因二黑為病符星，故藥碗不斷。如年星再加二或五者，非死則重病，或母病弱，如形勢破碎者，淫亂不羞，或出欺姑之婦。

二黑見五黃：二土比和。
得令：尚可進財發達。
失令：剋母或出寡婦，傷丁或胃肚之病，或癌症，或患重病久年不起，病人常見女鬼，二為鬼也！

二黑見六白：坤乾盪成 ䷊ 地天泰卦，土生金，為數一九合十，陰陽正對。
得令：夫婦深情，資財大進。
失令：婦女多病弱，破財損丁，肺胃肚之病，或吝心不足等，如客星五到，鬼神作弄，疾病纏身。

二黑見七赤：坤與兌盪成 ䷒ 地澤臨卦，土生金生出，為數二七同道，卦象小女投入母懷，生成之象。

得令：因母致富，子孫榮貴，妻賢子孝，財產豐隆，房房昌盛，丁財兩美，多女兒。

失令：蕩婦破家，婦女淫亂，少男兒，自失主張，作惡作虐。

二黑見八白：坤與艮盪成 ䷎ 地山謙卦，二土比和，為數合十，母在小男之上。

得令：母慈子孝，財產日進，房房得利，均發田富，子孫昌盛。

失令：出尼僧、或出瘋癲、或出寡婦、不和、鬥爭、暴戾，脾胃肚脹之病。

二黑見九紫：坤與離盪成 ䷣ 地火明夷卦，火生土生入，二九為數不合。

得令：平穩進財，進退無常，由母治家。

失令：生愚鈍頑夫，出人舉動多乖，女人成群，安中伏危，出寡婦，若是方有路或山直沖者，出欺姑之婦，或出盲人。

三碧星主事：三碧為蚩尤星，又謂禍害星，後天卦屬震，五行屬木。

三碧見一白：震與坎盪成 ䷧ 雷水解卦，木受水生，木在上，水在下。

得令：長房進財，他房平穩，或出醫師。

失令：破財多事，是非官災，貴人不現。因水在木下，欲助庶能。

三碧見二黑：震與坤盪成 ䷏ 雷地豫卦，木剋土，為數合五。

得令：發達進財，多生女。

失令：老母或長男在家亡之憂，因犯鬥牛煞，或官刑鬥毆，災禍橫生，或逆子打母，財丁並退，山水相沖更凶。

三碧見三碧：雙星到向或到山，一犯下水、一犯上，盪成 ䷲ 震卦。

得令：長二大發資財，但一發如雷。

失令：卦爻靜象，生機全無，死氣沉沉，失丁失財在所難免，多患肝膽之病，或長房虛損，因見祿存瘟黃必發生。

三碧見四綠：震與巽盪成䷟雷風恒卦，二木比合，但三四為數不合。

得令：添丁進財，出富貴，可惜所出之人比較凶暴。

失令：為穿心煞，受刀傷、否則殺人或被殺、出血等，年星再會五黃尤甚，瘋病殘疾，剋妻出僧尼，做事不當，無理智、糊塗，因而失財，出優伶娼妓。

三碧見五黃：木剋土。

得令：尚可添丁進財，平安過日。

失令：為穿心煞，瘋疾肝病，瘟黃急症風疹，興災作禍。如客星加四，是年為凶更甚，肝癌。

三碧見六白：震與乾盪成䷡雷天大壯卦，木受金剋，三六之數不合。

得令：在忙碌中奮鬥生財，武市較好。

失令：為劍煞，震長男、乾老父，有剋子之象，或震為足、出跛腳人，關節痛亦屬之。或受刀傷、破財、官非、肝病，受刑傷、犯劫掠而失資財，長房受之，如長子出外鄉者無妨。

三碧見七赤：震與兌盪成䷵雷澤歸妹卦，木被金剋，又名穿心煞。

得令：為數三七合十，在奮鬥中獲得發達進財，出文武雙全之人，或文官兼武職，經商者武市較好。

失令：家室分離，出血癌症車禍，或有揖盜之象，若是形勢凶惡破碎者，有家破人亡之象，或跛足、膽病、肝病，或忘恩負義，官訟、絕丁，因穿心煞受傷。

三碧見八白：震與艮盪成䷽雷山小過卦，木剋土，為數三八為朋。

得令：木疏頑土，生財有道，人財兩旺，或得外家財者有之。

失令：犯鬥牛煞，損丁而好鬥，長房不利。

三碧見九紫：震與離盪成䷶雷火豐卦，木生火。

得令：為木火通明，出人長大威嚴，氣質高邁，看事深遠之聰明秀士，作事順意，長中先發，他房次之。

失令：出人無識，或出暴戾之人，蕭索乖戾，作事多疑，又傷中年人，長中丁財俱退，且患心臟或眼疾。

四綠星主事：四綠為文昌之神，後天卦屬巽，五行屬木，星號文昌。

四綠見一白：巽與坎盪成䷺風水渙卦，水生木，一四合五。

得令：房房昌盛，丁財兩美，子榮孫貴，妻賢子孝，財產豐足，出文人科舉，貴秀也。

失令：貪花街之酒，風流好色，重者有外亡或中風之虞。

四綠見二黑：巽與坤盪成䷓風地觀卦，木剋土，為數不合，但二與四通。

得令：人文旺、資財廣進。

失令：長女老母相剋，會出欺姑之婦，或長女與母不合，家財漸退，脾胃肚膽腎之病，或氣痛等，如白虎砂過高者更利害，母不利。

四綠見三碧：巽與震盪成䷩風雷益卦，五行二木比和，一陽一陰，但三四為數不合。

得令：人口平安進財，長房發福，長女奮發生財，且言語柔順，性情仁慈，人物華麗，不動於風塵，多賢而豪爽。

失令：昧事無常，作事曚昧，飄泊勞碌，慳貪悔吝，破財是非。

四綠見四綠：䷸巽為風卦，五行比和，為數不合，為八純卦之一，爻象不動。

得令：主安泰進財，多出秀麗仁慈之人。

失令：毫無生色，貧而清高自居；再遇文曲，蕩子無歸，陰神結黨，家門不潔。

四綠見五黃：木土相剋。

得令：勞力奮鬥，尚可進財。

失令：女人不利，常病、膿血症、或乳癌肝膽之疾，或因博飲而失產。

四綠見六白：巽與乾盪成䷈風天小畜卦，木受金剋，但為數六四合十。

得令：夫妻情深，武市得利，財丁兩旺。

失令：長房之婦難產，剋妻、肝膽、痰火、氣喘、頭暈痛，受盡勞碌之苦，上吊而亡。

四綠見七赤：巽與兌盪成䷼風澤中孚卦，木受金剋。

得令：勞力得財而平安過日。

失令：金利木弱，長房之婦難產，剋妻、或痰火氣喘，長女小女均易患筋骨、肺、肝膽、腎等之疾，或生離死別，血疾、癌症、刀傷，或閨幃不睦，長女因姦受傷。

四綠見八白：巽與艮盪成䷴風山漸卦，木剋土。

得令：形局合者尚可進財平穩過日，入仕途而自清與旺丁。

失令：長欺小，姐弟不睦，或小房妻淩夫，至於失丁或隱居山林者有之。易患氣痛、脾胃肚之病，而家財漸退。如年星再逢八四三者，失小兒或肱股痛，小男不利。

四綠見九紫：巽與離盪成䷤風火家人卦，木火相生，為數四九作友。

得令：木火通明，一家和順，父慈子孝，兄弟相顧，丁財兩旺，大房三子成功，出聰明溫柔之奇士，多丁。

失令：出人風流飄蕩，因姦破財，日久則火旺而被火燒，人丁不利，多生女少生男，偏出者聰明，正出者愚魯，衰宅更驗。

五黃星主事：五黃沖關煞，宜靜不宜動，動則凶。五運挨星挨得五黃為旺氣為例外，餘運挨得五黃之處均為不吉。如五黃會力士，或會劫煞，則不造葬或修整，否則非死人則大禍，輕則重病，重者死亡。宜化不宜制，剋則禍。會太歲或歲破者，禍患頻頻。

五黃見一白：土剋水。

得令：出武略之人，廣進資財。

　失令：腎病或花柳病，腎或子宮癌。
五黃見二黑：二土比和。
　得令：田莊發達、進財、或醫藥起家。
　失令：剋母或重病，出寡傷丁，胃肚之病、胃癌，或病人常見女鬼。
五黃見三碧：土受木剋。
　得令：尚可添丁進財，平安過日。
　失令：為穿心煞，瘋疾肝膽胃肚，或興災作禍，如客星逢四更凶，肝膽癌。
五黃見四綠：土受木剋。
　得令：勞力奮鬥可得資財。
　失令：婦人乳癌、血濃疾、肝膽病，因博飲而失產。
五黃見五黃：雙土比和。
　得令：發達平安。

失令：常病不吉。

五黃見六白：土生金。

得令：吉，得財添丁。

失令：肺部之病、腦疾、頭暈痛、頭部癌、肺癌。

五黃見七赤：土生金。

得令：生財有道，武市吉。

失令：吐血、腎病、刀傷、或花柳病，逢九紫喉病出血，或出欺姑之婦，或癌症、肺、大腸癌、口喉癌、吸毒。

五黃見八白：兩土比和，八白化五黃。

得令：人財兩美，資產大進。

失令：火炎土燥，因五黃為廉貞星，患脾胃肚之病或癌症。小兒多災，因艮為小兒。

五黃見九紫：火生土。

得運：得財添丁，旺人丁。
失令：淫亂，會二則火災，長病殘疾，逢七服毒，或蕩婦破家，紅粉中快樂也！心目等疾病。

六白星主事：六白為武曲星，後天卦屬乾，五行屬金。

六白見一白：乾與坎盪成䷅天水訟卦，金生水，為數一六共宗。
得令：主房房均財丁，父母仁慈，子孫行孝，財產日進，一二房大發，三四房次之，在得運時出人，面圓額方，正大光明，聲音宏亮，豁達大量，仁慈忠信，操略洞明，有英烈之賢。
失令：亦可平安清逸過日，只嫌有刑妻或肺部之疾、下元腎等之毛病。人才傑出，中男不利。如一個六白金星，再逢年月一六聯星，恐會發生大不幸之險象。

六白見二黑：乾與坤盪成䷋天地否卦，陰陽正對。
得令：夫婦恩愛，一家和諧，財產大進，房房得，父亡後長房更發，但少有吝心之感。

失令：多女少丁，多病或出寡而易受神鬼作祟，但子孫亦英明能幹。

六白見三碧：乾與震盪成䷘天雷无妄卦，金剋木。

得令：辛苦求發展，可享福，田莊之道可如意進財。

失令：父不慈或剋長房長子，出人性急剛勇，偏極少情，有勇無謀，致多受怨謗，或官事牽連破財消災，腦部頭部肝膽等受病或中風，長男受害。

六白見四綠：乾與巽盪成䷫天風姤卦，金剋木，六四之數合十。

得令：大房可發資財，夫婦情深。

失令：閨房亂德，穢聲四起，或翁媳同眠，長房之婦人或產亡投井或自殺，更兄弟叔姪不睦，損丁退財剋妻，女性多病或婦女懸樑，長女受害。

六白見五黃：土生金。

得令：大進資財，人丁平安。
失令：五黃廉貞火性剋六白金，而出罵父之子，不和失財損丁。

六白見六白：兩金比和，䷀乾為天卦。
得令：武曲主事，出武貴，陞官進財添丁，有娶妻之慶。
失令：不發達退財，但無礙，上山下水應視形勢加以斷之。

六白見七赤：乾與兌盪成䷉天澤履卦，二金比和。
得令：財產豐厚，廣進田園，房房發福，丁財兩旺，五子均榮，子孫聰明，婦女貌美，但會娶小老婆，出庶子。長三兩房富貴豪強，或為武職，或為刑官。
失令：為交劍煞，多被劫奪而破財，出子有勇無謀之莽夫，犯訟劫傷折，或出寡婦。

六白見八白：乾與艮盪成䷠天山遯卦，金被土生。
得令：出武貴或企業家，能受盡下輩人之尊仰，進大財。

失令：子欲盡孝而苦親不在，水斜流者，是非牽連而破財，是處有水照光者更凶。

六白見九紫：乾與離盪成䷌天火同人卦，金受火剋。

得令：為後天相見，富貴長壽，父慈子孝，廣進資財。

失令：老翁不壽，形勢惡者忤逆父母，長小二房丁財俱退，肺病痰火吐血。如年星會五黃九紫，不但不和氣，為禍尤甚。

七赤星主事：七赤為破軍星，後天卦屬兌，五行屬金，有小人之狀，盜賊之情。

七赤見一白：兌與坎盪成䷮澤水困卦，金水相生。

得令：房房發達，五子均榮，夫婦情長，一家和睦，喜氣洋洋，出人威武傑出群倫，機謀深遠，人物從容，象情多悅，因水清金明也。

失令：則患金寒水冷，下元虛損腎病漏精，子孫徒流，或缺口，貪花街之酒而破家，或肺部受傷，水若傾瀉更凶。

七赤見二黑：兌與坤盪成 ䷬ 澤地萃卦，金受土生，為數二七同道。
得令：母慈子孝，兄弟和睦，子孫昌盛，男聰女秀，廣進財產。
失令：出人比較無能，又產女兒女，得男比較困難，因兩女相生成群也。腸胃較差。

七赤見三碧：兌與震盪成 ䷐ 澤雷隨卦，金剋木，小女騎在長男之上。
得令：主出文武雙全之人，文官兼武職，或企業家。
失令：妾弄權或妻欺夫，長三房均退財，或出血癌症，官事被劫或肝膽病。

七赤見四綠：兌與巽盪成 ䷛ 澤風大過卦，金剋木，為數不合。
得令：勞力求財，進步一時。
失令：中長房受傷，盜賊橫禍，有敗絕之慮，或出瘋癲，筋骨肝膽之症，刑妻或產難，刀傷風流，傷長婦。

七赤見五黃：土生金。

得令：可發達進財添產。
失令：吐血、腎病、花柳病、或受刀傷，逢九紫喉症出血，或出欺姑之婦，或自殺、癌症等。

七赤見六白：兌與乾盪成䷪澤天夬卦，二金比和，小陰配老陽，為數不合，非正配陰陽。
得令：娶小老婆，寵妾特權，大小二房吉，二房次之，大房四子成功，財丁兩旺，田莊之富。
失令：妾凌夫，又犯交劍煞，官災失盜，口舌破財或受傷，出忤逆凶禍，多凶事，多生女，寡婦當家，腸胃肺頭腦之病。

七赤見七赤：䷹合成兌卦，二金比和，為破軍相見。
得令：武市發達進財，或企業界成功。
失令：則破財或犯官災，失盜口舌或虧體。

七赤見八白：兌與艮盪成䷞澤山咸卦，土生金又合十五之數。

得令：房房發達，錢財千箱之積而多丁。金居艮位，烏府求名。

失令：並無大礙，氣喘痰火，脾胃肚之疾，或出啞子。前面沖破，或破碎形勢凶惡者出之。

七赤見九紫：兌與離盪成 ䷰ 澤火革卦，金受火剋。

得令：尚可平安進步。

失令：有青樓之象，患性病，再逢五黃或三碧之年星，如二、七、九會而是方有紅色房屋者，是年火災、或難產、心肺等症。如形勢破碎，淫亂不羞，逢五七、五九聯星者，飲毒藥自殺而退財。兌七屬金在上。離九屬火在下。上為主，下為賓，下剋上成剋入，在家亡也。

八白星主事：八白為左輔星，後天卦屬艮，五行屬土。

八白見一白：艮與坎盪成 ䷃ 山水蒙卦，土剋水。

得令：平安順事，生財有道。

失令：兄弟殘殺不睦，妯娌不合，家業漸退少丁，或患有腎胃肚之病。

八白見二黑：艮與坤盪成䷖山地剝卦，二土比合，為數合十。

得令：添丁進財，得意外之橫財，或有意外之機會，子母歡悅，房房俱發，房先發，出人溫和忠厚，有始有終，福祿兼被。

失令：無甚大礙，恐有蛇犬傷人，老母不利。

八白見三碧：艮與震盪成䷚山雷頤卦。

得令：長小二房發福，富貴雙全。

失令：以小欺大，兄弟不睦，失財並出輕薄無見識之人，婦人小產損小口，脾胃肚肝之病，小男不利。

八白見四綠：艮與巽盪成䷑山風蠱卦。

得令：辛勞而能進財。

失令：長房婦女漏胎，小房出寡，損小口或瘋癲、氣喘，家業漸退，耳聾、脾胃肚肝之病。一個八白土逢四九聯星者，會發生大不幸事。八逢四、年星再逢三八者，小房更凶。

八白見五黃：兩土比和。

得令：田莊進財而得平安。

失令：患脾胃肚之病，小兒多災。

八白見六白：艮與乾盪成䷙山天大畜卦，土生金洩氣。

得令：人文大起、進財，二個白星相連也。

失令：小房退財破敗，有水照光更凶，小男不利。

八白見七赤：艮與兌盪成䷨山澤損卦，土生金，為數合十五。

得令：主田莊之富，小房先發，次及他房，夫婦和睦，兄弟相顧。

失令：退財，平安無礙，形勢破碎凶惡者，恐小丁而有凶死。

八白見八白：䷳艮卦，二土比和。

得令：旺田莊、得橫財，有意外之機緣及添丁。

失令：平安過日，恐會出寡婦孤獨，肚脹胃腸之病，或傷小男。

八白見九紫：艮與離盪成 ䷕ 山火賁卦，火生土。

得令：出文秀，大富大貴，且喜事重重。

失令：火炎土燥，為害不淺。小房定出痰火，損丁破財，更出愚鈍之人，出血或剋妻，橫禍官災。

九紫星主事：九紫為右弼星，後天卦屬離，五行屬火，半凶半吉之星。

九紫見一白：離與坎盪成 ䷿ 火水未濟卦，為一九合十，火在水上，實為不剋。

得令：夫婦情深，子女昌盛，個個秀麗雅量，發財發富，為官位極中央。

失令：平安逸樂，諸事順意，恐有小產、心臟之病，家業退敗。河東獅吼，離在上、坎在下，火為主在上，水在下為賓，剋主剋入其應在內，如主剋賓為剋出，其應在外。

九紫見二黑：離與坤盪成䷢火地晉卦。

得令：可發財添丁，但貪花街之酒。

失令：閨幃不淨，淫蕩、多女少男，剋母或退家業，目中有土眼疾。

九紫見三碧：離與震盪成䷔火雷噬嗑卦，木火相生。

得令：為木火通明，文人秀士，男聰女淑，長二先發，丁財兩旺，房房吉利。

失令：木在火下助火之勢，火氣之病在所難免，或出逆女，刑妻剋子殘疾，或眼疾退敗，長男不利。

九紫見四綠：離與巽盪成䷱火風鼎卦，木火通明。

得令：出聰明奇士，大發資財，產業大振，全家和睦，長幼相顧，家庭美滿。

失令：恐出瘋人，退田產，上下不順，長幼不安，或盜賊官司，長女受害。

九紫見五黃：火生土洩氣。

得令：可添丁進財、旺產。

失令：淫亂、會二火災，逢七服毒，或蕩婦破家，紅粉場中空快樂，或心目等病。

九紫見六白：離與乾盪成䷍火天大有卦。

得令：可發資財，富貴長壽。

失令：退田產，犯官事破財或出血，或逆子不受教，老父不利。

九紫見七赤：離與兌盪成䷥火澤睽卦，九七為數不合。

得令：尚可平安進步。

失令：中少俱傷，出血症、咳嗽或火災、火傷。出浪子淫婦，或犯官事口舌，傷小女或小婦，為人自失主張，作惡肆虐。離兌陰人相見，子孫風流也。天盤一者可解，流年逢二、三、五、七、九恐有火災，九紫為離卦屬火，七赤為兌卦屬金，上卦為主，下卦為賓，主剋賓剋出，成為外亡也！筋骨方面有疾。

九紫見八白：離與艮盪成䷷火山旅卦，火生土。

得令：喜事重重，丁財貴有份。

失令：破敗死傷，橫事官災，癱瘓、瘡毒，家業大退。

九紫見九紫：䷝離為火卦，為八純卦。

得令：吉凶參半，家有喜慶，可進財。

失令：退敗或出血、心病或火氣病。

肆、結語

本篇有幾個特點，茲再敘明以做為本篇的結論。

一、玄空法以來氣之生旺衰死論吉凶，故宅命或個人之命卦，可略而不論，概因來氣為旺為吉時，不論何人何宅，當都會受來氣之助益。若來氣為衰或煞時，不論何人何宅，都會受其影響，故個人之命卦及宅卦，可不必太在意。

二、八山運法看似簡單，但卻是非常基礎，因為「氣」乘風則散，界水則止，故正神宮位旺氣方若有水，則會阻旺氣於宅外，此為倒裝，非福也。若零神宮位衰氣方有水，便將衰氣界之於宅外，此為正裝，轉衰為旺，自求多福也。

三、八山運法、二十四山運法、玄空紫白訣法，為三個不同層級之應用，諸位可參酌使用，妙手回春，則乾坤掌於一念之間。

四、二十四山運法是推測吉凶的重要關鍵，**玄空法**重在各山生旺衰死的了解；**紫白九星**則重在各山主星（向星或山星），受到地盤宮星、天盤運星、年紫白星，以及相臨宮位其他星曜的綜合影響。而**玄空紫白訣**則更進一步運用兩者的訣要，使預測某山在人、事、物的發展傾向上，有更進一步判斷。先賢為了解吉凶禍福的判斷，留下許多觀念，值得參考，但個人覺得有些斷語太直接，希望諸位夥伴先進，在引用時，務必注意口德，寧可失準，也不要傷人，造福與種禍一線之間耳。

運法論運不論形局，因此若只論運法，則必未臻完善，必需考慮宅與環境形局的配合，才能在選擇、調整、裁剪，建構一理想的陰陽宅條件，讓理氣流通，三元九運四時受惠，則可更為佳美，欲知形局之要訣，請看第三篇。

劉信雄　寫於79甲子八運庚子仲冬

第二篇　挨星金鑑

劉信雄（若空）註釋

壹、玄空秘旨

宋　吳景鸞

一、不知來路，焉知入路，盤中八卦皆空。未識內堂，焉識外堂，局裡五行盡錯。

【註】1.來路：係指當運之天心一卦。認知當運之一卦，入中宮飛佈八方，八宮運星決定八方之運也。

2.入路：指坐山立向而言。各宮運星決定該宮位一卦三山之陰陽變易，變易後，該山為陽者順飛，若為陰者則逆飛，依坐山與立向之陰陽，決定其順飛或逆飛，為入路。

3.內堂：指坐山立向。

4.外堂：指來龍或水口城門。

【解】若不知當運天心之一卦是何卦，怎能知道山向挨星下卦之結果呢？若不知坐山立向所挨得的飛星是旺神或衰神，怎能知道城門來氣是吉或凶呢？佈局如此簡要，若一有錯誤，則滿盤局面皆錯矣。

二、乘氣脫氣，轉禍福於指掌之間，左挨右挨，辨吉凶於毫芒之際。

【註】1.乘氣：得飛星生旺之氣。

2.脫氣：得飛星衰死之氣。

3.左挨右挨：天盤運星飛佈八宮，決定二十四山各山之陰陽變易，變易結果各山為陽者，其運星入中宮順飛，此為右挨；若各山為陰者，其運星入中宮逆飛，此為左挨。

【解】坐山或立向之衰旺生死，禍福在於你我掌指之間，順逆挨排不可以有誤，山向飛星，逆飛則令星到山到向，順飛則衰死之星到山到向，因此左挨右挨就決定了吉凶禍福，一旦有誤，則滿盤皆輸矣。

三、一天星斗，運用只在中央，千瓣蓮花，根蒂生於點滴。

【註】根蒂：指山向。點滴：指中五立極。

【解】二十四山各山飛星滿盤星斗，其吉凶變化，關鍵在中五立極，把握當運之一卦，「從來者，吉也，」因此山向飛星之吉凶，就因立極的關係，而產生變化。

四、夫婦相逢於道路，卻嫌阻隔不通情。兒孫盡在門庭，猶忌凶頑非孝義。

【註】1.夫婦：指形勢與理氣而言。

2.兒孫：指坐山立向、水口城門，及來龍入首城門。

【解】本段強調形勢與理氣應同時兼顧，如若理氣旺神到山到向，而形勢不佳，亦不能稱吉，如陽宅立向，得令星吉氣，本為佳宅，但宅前來路直衝、水路衝射，或氣口來龍形勢險峻也是不吉。

五、卦爻雜亂，異性同居，吉凶相併，螟蛉為嗣。

【註】卦爻雜亂：指局法不合。立向與氣口，來龍與坐山，玄空五行陰陽不

合。

螟蛉為嗣：指以養子為嗣。

【解】本段強調運法與局法也要同參。局法龍山向水，四神有誤，立向與氣口（來龍與坐山）雖同屬一宅，而陰陽不合，同陰同陽或陰陽駁雜，或氣口落入火坑，立向雖吉而氣口為凶，吉凶相伴，不能為吉。若為陽宅，立向得令星旺氣，但城門水口卦氣不佳，陰陽駁雜或火坑煞氣同到，亦不能稱為吉宅。若為陰宅坐山與來龍不合，影響子孫人丁，恐以養子女為嗣。

參考：章仲山註，出卦則卦氣雜亂，雜亂即龍神交戰，交戰雜亂自有此應。雜亂指干支方位而言，相併指挨星反吟伏吟而言。所謂用得即是相見，用失便謂反吟。

凡五黃入中宮，順飛八宮，各宮位飛星與地盤星曜相同，是謂伏吟（五運除外）；若逆飛八宮，各宮位飛星與地盤星曜合十，成反吟。

又，不同運星入中，某些宮位也會犯上反吟伏吟之局。如下：

一白入中：逆飛—震宮（甲山）—伏吟。順飛—兌宮（庚山）—反吟。
二黑入中：逆飛—艮宮（艮寅）—伏吟。順飛—坤宮（坤申）—反吟。
三碧入中：逆飛—巽宮（辰山）—伏吟。順飛—乾宮（戌山）—反吟。
四綠入中：逆飛—離宮（午丁）—伏吟。順飛—坎宮（子癸）—反吟。
六白入中：逆飛—坎宮（子癸）—伏吟。順飛—離宮（午丁）—反吟。
七赤入中：逆飛—乾宮（戌山）—伏吟。順飛—巽宮（辰山）—反吟。
八白入中：逆飛—坤宮（坤申）—伏吟。順飛—艮宮（艮寅）—反吟。
九紫入中：逆飛—兌宮（庚山）—伏吟。順飛—震宮（甲山）—反吟。

六、山風值而泉石膏肓。（八四、四八）

【註】山風值：艮☶為山，八白也；巽☴為風，四綠也。山風值，下卦為山風蠱䷑卦。

泉石膏肓：指沉醉於山林風雅之趣，高雅自賞之個性。

【解】挨星八四同宮下卦得山風蠱䷑卦者，有山林風雅之趣。八白艮土，四綠為巽木，木剋土，剋入，指家人有山林亭園之雅趣。如若為四八風山漸䷴卦，為剋出，故個性趨向於山林之間。

七、午酉逢而江湖花酒。（九七）

【註】午酉逢：午在離宮，酉在兌宮，均為天元龍，午酉逢則九離逢七兌也。離☲，麗也，屬中女，性喜流動，兌☱，悅也，屬少女，性嬌柔，二女同宮，有江湖花柳之應。

【解】離火逢兌金，火澤䷥睽卦，火炎上，澤潤下，兩者違行，比喻事物相互乖背睽違常情，因二女同宮故應在花柳之鄉。

八、虛聯奎壁，啟八代之文章。（一六）

【註】虛聯奎壁：虛、奎、壁均屬二十八宿星名，虛宿纏於子山，屬一白坎宮，奎壁二宿纏於戌乾山之間，屬於六白乾宮，因此虛聯奎壁即一六同宮之意。

【解】一六同宮下卦為水天䷄需卦，上下卦擬象雲氣上集於天，待時降雨，喻示等待發展之意。而一六共宗，水也，水主發秀。又需卦之卦辭曰：「需、有孚。貞吉，利涉大川」，有孚、貞吉，有吉象，利涉大川，赴試得中之象，因此一六共宗有利科考，主發文章之美。

九、胃入斗牛，積千箱之玉帛。（七八、八七）

【註】胃入斗牛：胃、斗、牛也都是二十八宿之星名，胃宿在辛山，屬七兌宮；斗宿及牛宿分別在艮山及丑山，屬八艮宮，胃入斗牛即七赤八白同宮也。

【解】七赤八白同宮，即七兌☱與八艮☶同宮，會形成兩種情形，一為向星兌卦，形成澤山咸䷞卦，另一是向星為艮卦，形成山澤損䷨卦，這兩種情形會有不同的結果。

1.若向星是兌卦，下卦結果是澤山咸卦䷞，山上有大澤，山澤氣息相通，比喻感情交融狀況，故主婚姻美滿，不主富。

2.若向星是艮卦，下卦結果為山澤損 ䷨ 卦，山下有深澤，猶如湖澤自損，以增加山之高度，損下益上，故有增富之象。是否真能增富，還得看①向首之方是否有水，向卦有水始能發財，向卦無水影響發財，②向首是否令星到向，令星不到向，也是無財。

十、雞交鼠而傾瀉，必犯徙流。（七一）

【註】雞交鼠：雞，地支為酉，在兌七宮；鼠，地支為子，在坎一宮，雞交鼠為兌七與坎一同宮也。

【解】七赤與一白同宮，下卦為 ䷮ 澤水困卦，湖澤之水從下方流出，水面呈乾涸之象，表示有困窮情狀。古時比喻為有流徙充軍之義。卦象為金生水，生出，失令則困窘。

十一、雷出地而相衝，定遭桎梏。（三二、二三）

【註】雷為震三宮，地為坤二宮，此處指三碧木與二黑土同宮也。

【解】三碧木與二黑土同宮，下卦為雷地豫 ䷏ 卦，雷動於地之上，驚嚇萬物，而震木又尅坤土，故有桎梏（牢獄）之驚，但必需形勢上有惡山惡水相衝，始有應驗。

十二、火剋金兼化木，數驚回祿之災。（七九、九七遇木星）

【註】火剋金兼化木：七赤為先天火數，九離為後天火數，七九同宮兼化木，木者三震四巽均為木，故七九同宮而在三震宮或四巽宮，或年月紫白飛星又遇三碧木及四綠木，則有火災之慮。

【解】七赤九紫下卦合成澤火革卦，澤中燃燒著烈火，猶如水泊將變為田，表示事物有變革現象。如果下卦為火澤睽卦，則火炎上，澤潤下，兩者違行，猶如事物相互乖背睽違，均非吉兆。

紫白賦云：七九合轍，常遭回祿之災。凡陽宅之山星、向星、中宮、氣口，逢七九之數，而宅前形勢有尖銳火形之物，又遇三碧四綠之年月，或向星在三碧震宮、四綠巽宮，而宅前又逢罡刼吊煞天星之尅應者，容易有回祿之災。

十三、土制水復生金，自主田莊之富。（金水相生）

【註】土制水生金：水主財，土制水本無財，但土生金，而金生水，三者相生有制，故有財也。

【解】有幾種情形可能發生：

1. 在七兌宮或天盤運星為七赤金，其向星與山星分別為一白坎與六白乾，一六水也，而流年為二黑土或八白土，構成土生金，金又生水之現象。
2. 在一坎宮，得運星為二黑土或八白土，而向星與山星分別得四九連星，四九先天數為金。
3. 在六乾宮，得運星為一白水，而向星與山星為二黑土或八白土。
4. 這是元旦盤（地盤）、運星盤（天盤）、向星盤、山星盤，及在流年上，能配合成土（二黑土及八白土）、金（六乾金及七兌金）、水（一坎水）、或合成先天數一六水、四九金之數，構成土生金，而金又生水之局便是。

十四、木見火而生聰明奇士。（九三、九四、三八遇九）

【註】此為木火通明之義，離為火，離，麗也，木生火，故主生聰明之士。

【解】1.離宮為火地，若運星為三碧震木或四綠巽木者是。又在震宮或巽宮木旺之地，而得運星九紫離火，亦是。

2.運星為九紫離火，而山星及向星得三碧震木與四綠巽木，或得三八聯星者亦是。

3.山主人丁，若山星為九紫離火，而流年為三碧木或四綠木，該年得子亦是；或山星為三碧震木、四綠巽木，而流年為九紫離火時得子，亦是。

十五、火見土而出愚鈍頑夫。（二八遇九，火土相生）

【註】此言火炎土燥，生頑愚之夫。

【解】1.小玄空學者，以坐山立向之宮位論斷，若在離宮，運星為九紫火，而山向之星為二坤土及八白土，則有火炎土燥之現象；或者在離宮，運星為二黑土或八白土，而山向之星為九紫火，也是有火炎土燥之勢。如果再遇衰退之運，而山星為土者，將更為明顯。

2. 大玄空學者，則不僅看坐山立向之局，整個運星盤均全面審視之，如立向在離宮，山星向星二星均為九紫火，而臨宮（如坤宮），山向之星或運星為土（如二黑土或八白土），而山形破碎形勢險峻，則一樣會產生低能兒。

十六、無家室之相依，奔走於東西道路。鮮姻緣之作合，寄食於南北人家。

【註】此兩句，意思相同，對稱而已。

【解】玄空之法，排山有山，排水有水，方為合格。

1. 山上龍神不下水，水裡龍神不上山，為一般規則。若山上龍神下水，水裡龍神上山，此為上山下水，為不合格。

2. 若山星到向首，而向方有山，或向星到坐山，而坐山有水，隨然上山下水之局面，但山星有山，水星有水時，依然是家室相依、姻緣作合，仍為合格。

3.在形勢環境上，山巒及大廈可同視為山，河流溝渠及馬路可視為水。

十七、男女多情，無媒妁則為私約。陰陽相見，遇冤仇而反無猜。

【註】此段仍在強調形勢與理氣都要兼顧。山水有情為媒妁，山水無情為冤仇。

【解】章仲山云：「多情，山形水勢相得之情，媒妁，立穴定向之得宜。若立穴定向稍有差錯，猶男女不用媒妁，便為私合。」又云：「陰陽雖得相見，遇反伏沖尅、上山下水、顛倒誤用、反恩為仇，定見災殃。」

十八、非正配而一交，有夢蘭之兆。得干神之雙至，多折桂之英。

【註】夢蘭之兆：指婦人懷孕。

折桂之英：指科舉及第。

【解】非夫妻正配者，指局中山向飛星均不吉，而旁宮形勢佳美，也可以有吉兆，此者指城門引氣（城門訣），亦可助局內之不足，也可以有好結果。

干神之雙至，指令星到山到向，山水有情，又若山外有山，水外有水，山水層層疊疊而來，則更為佳美也。

十九、陰神滿地成群，紅粉場中空快樂。

【註】陰神：二坤☷老母、四巽☴長女、九離☲中女、七兌☱少女，此四者皆屬陰性，為陰神。

【解】1.陰陽宅之坐山、立向、水口、氣口、城門，所飛到之星皆為陰神者，是為滿地成群，若是令星到山到向，則主婦女掌權，若是失時失令，則主宅中男女性喜淫亂。

2.大玄空飛星，陽宅向星為陰神，相臨左右兩宮之向星也是陰神，亦主陰神滿地成群，若為旺神，則主女性主權、也適合經營女性之產業，發女性之財。

二十、火曜連珠相值，青雲路上自逍遙。（二七遇九）

【註】火曜連珠相值：河圖數二七火數；九星中九紫弼星均為火曜。山星與向星呈二七之數為連珠，巒頭與理氣相扶相成，此為相值。

【解】1.若得運星為九紫右弼星，而飛到的向星與山星合成二七火數，則二七連珠，運星與山向飛星相值，則可平步青雲也。

2.形勢上火形的山巒呈尖銳形，一般不主吉利，故形勢與理氣要配合，一般以秀麗的木形為佳，若向首取木形的山巒為該宅之朝山或案山，則木生火，這也是有加值的作用。

二一、非類相從，家多淫亂，雌雄配合，世出賢良。

【註】1.地盤的陰陽曰陰陽，天盤的陰陽曰雌雄，（山向）星盤的得令者為正神，失令者為零神。

2.陰陽適配曰「雌雄配合」，陰陽不適配曰「非類相從」。

3.理氣與形勢互相參合曰「雌雄配合」，理氣與形勢不能參合曰「非類相從」。

4.理氣上，山星之陽遇向星之陰，山星之陰遇向星之陽曰正配。

5.形勢上，山水秀麗，山環水抱，曰正配。山水形勢惡劣，斜飛、反弓、直射、閉塞等形勢不佳者，「非正配」。理氣隨合，形勢不合者，亦不為吉。

【解】

1.小玄空學派，依星盤之得失論吉凶。坐山立向之宮內，理氣吉形勢佳，生出之人必吉。

2.大玄空學派，依天盤之整體論吉凶。坐山立向理氣吉，形勢佳，氣口城門之理氣及形勢亦吉者，生出之人必吉。

3.氣口城門：離宮與巽宮互為城門；震宮與艮宮互為城門；坤宮與兌宮互為城門，乾宮與坎宮互為城門。氣口在向首之城門位，為正確。氣口隨在向首左右臨宮，不一定是城門。

二二、棟入南離，驟見廳堂再煥。（木星遇火，火星遇木）

【註】棟入南離：①於地盤而言，離宮為火，要發達南離之火，必需木星來助，故天盤運星為三震木或四巽木，或離宮之山向飛星均為木時（震巽木），便是棟入南離。②於天盤運星而言，九紫弼星（後天火星）及七赤破軍星（先天火數）為火，而向星與山星挨得震巽木，或二七聯星到山到向，也屬棟入南離。③沈祖綿註：三運子山午向，雙三到向（三運令星），地盤九（後天火數），天盤七（先天火數），是為正格。又三運艮山坤向，也雙三到向，天盤運星九，亦是。

【解】1.地盤南離火地，或天盤運星屬九紫火者，飛星挨得木星之助力，可令家宅再次煥發。

2.隨然天盤之運星七赤亦屬先天火數，然而後天為破軍星（屬金），遇三碧祿存星（屬木）（若不是三運，則為失運為蚩尤星），七赤遇三碧，不全為吉，且兌金剋震木，若挨星失令為衰時，可能發凶不吉。

二三、車驅北闕，時聞丹詔頻來。（土金水之合）

【註】北闕，北方宮闕，指坎宮也。丹詔，原指天子的敕命，此處指能發達一白坎水助力的星曜。

【解】1.依宮位來說，一坎宮與六乾宮互為城門，若六乾宮的來龍（山或水），入注於坎宮，為車驅北闕。坎宮先天為坤，六乾來龍，形成天地定位，生息之象。

2.依挨星來說，若得天盤運星為一坎，山向飛星為二六，二坤合六乾，此亦生息不輟之現象。

3.若遇天盤運星為六白時，而山向飛星為一六，則金生水；或運星為二黑時，得山向飛星為一六，此時二黑土生六白金，六白金生一白水，均為車

七運　酉山卯向

卯向　坐山　立向　酉山

1　6 六	5　1 二	3　8 四
2　7 五	9　5 七	7　3 九
6　2 一	4　9 三	8　4 八

驅北闕。依挨星法來說，向首之方應該有水，方能真發。如七運酉山卯向，艮宮天盤一白，山向飛星為二六（是方要有水），或巽宮天盤六白，山向飛星為一六者，六白金生一白水者亦是。（沈祖綿註）。

二四、苟無生氣入門，糧艱一宿；會有旺星到穴，富積千鍾。

【註】本段說明生旺衰死之氣，對陰陽宅的影響。

【解】二十四山挨星，挨得當令（當運）之星為旺，將來者謂之生，退運者謂之衰，退久者謂之死。如現在是八運，挨到八為旺，九為生，七為衰，其他退久者為死。

運	生	旺	衰（有氣無力）			死（死氣沉沉）		
一運	二	一	三	四	五	六	七	八
二運	三	二	四	五	六	七	八	九
三運	四	三	五	六	七	八	九	一
四運	五	四	六	七	八	九	一	二
五運	六	五	七	八	九	一	二	三
六運	七	六	八	九	一	二	三	四
七運	八	七	九	一	二	三	四	五
八運	九	八	一	二	三	四	五	六
九運	一	九	二	三	四	五	六	七

若生旺之氣到山則旺丁，到向、到氣口者旺財，故富積千鍾。若是衰死之氣入門，則糧艱一宿。

上元	江西			
八宮	一坎	二坤	三震	四巽
24山	壬子癸	未坤申	甲卯乙	辰巽巳
九星	巨祿貪	祿巨貪	貪祿巨	武武文
一運	122	411	166	811
二運	322	255	722	922
三運	344	633	833	311
四運	544	744	499	244
五運	655	588	155	533
六運	677	966	622	644
七運	877	711	377	755
八運	899	822	844	688
九運	199	933	599	977
下元	江東			
八宮	六乾	七兌	八艮	九離
24山	戌乾亥	庚酉辛	丑艮寅	丙午丁
九星	文文武	輔弼破	弼破輔	破弼輔
一運	133	511	177	911
二運	422	266	288	211
三運	355	733	399	233
四運	466	488	144	433
五運	577	955	522	455
六運	866	611	366	566
七運	799	277	477	766
八運	188	388	855	788
九運	299	944	699	988

二五、相剋而有相濟之功，先天之乾坤大定。相生而有相凌之害，後天之金木交併。

【註】玄空挨星所稱之星，係指後天卦，不論是地盤（元旦盤）、天盤（運星盤）、山向飛星盤，都是以九星來表示，九星即後天卦及中央太極，有方位及其五行，因此有相生相尅之現象。然而九星的本體是先天卦，研

究挨星者不可忽略之。

【解】玄空學者所主挨星之相生相尅，其內在也有相濟或相淩之現象，如一白坎水尅九紫離火，但坎宮之先天為坤卦，離宮之先天為乾卦，乾坤兩卦天地定位，有相濟之功。又後天六乾金尅四巽木，金木相尅，但乾宮先天為艮卦，巽宮先天為兌卦，艮兌山澤通氣，也是相濟之象。因此研究玄空乃要注意先後天相濟相淩之現象。

二六、木傷土而金位重重，雖禍有救；火剋金而水神疊疊，災不能侵；土困水而木旺無妨，金伐木而火熒何忌。（相尅而有救濟，無妨）

【註】本段揭示生尅救濟的道理。

【解】1. 木傷土而金位重重：木尅土，原本就不吉，但金星重重，因木受金尅，木星有制，雖然木傷土，有金星到臨，故雖禍有救。

2. **火剋金而水神疊疊**：火尅金，也是不吉利，但水星來制火氣，故災不能侵。

3.土困水而木旺無妨：土剋水，原本不吉，但木星旺，木來剋土，土氣受制，水星因而不傷。

4.金伐木而火熒何忌：金剋木，有火星得救，木火金三者同現，則金木無礙。

二七、吉神衰而忌神旺，乃入室而操戈；凶神旺而吉神衰，直開門而揖盜。

【註】生我者吉神，令星到山（向首或坐山）者旺，再得運星或宮位之生助者強；各山失令者為衰，再受運星或宮位所剋者弱。

吉神衰：指向星或山星，受運星或宮位所生，但生我之星或宮位，並非當運生旺之星。

忌神旺：指向星或山星，受運星或宮位所剋，但剋我之凶神是屬當運生旺之星。

【解】1.如八運巳山亥向，亥在乾宮，運星為九紫火，向星為八白土，山星為六白金。令星到向首，故亥山為旺，向星八白土，得運星九紫火之生助，運星為其吉神，向星因此得強旺。

2.如八運辰山戌向，戌山在乾宮，運星為九紫火，向星為一白水，山星為八白土。戌山失令為衰，向星尅運星，尅出為弱。

3.向首之星，得令當運為旺，但若眾星（運星、山星、或城門氣口之飛星）尅之，孤立無援，故向星雖旺，但眾星尅制之，雖旺亦衰。

4.每運二十四山，約有半數之山向飛星，能得到令星到山為旺，但各宮位其他飛星之組合，均不相同，各宮星盤之強弱旺衰，因而有很大的差異，故旺山有強旺之別，衰山也有衰弱之差異。

5.形勢亦當吉凶星看，向首雖然當令為旺，但若形勢破碎，或來水直射，或水路道路反弓，亦當凶神看待。

二八、重重剋入，立見消亡；位位生來，連添財喜。

【註】青囊奧語云：生入尅入名為旺。但重重尅入者便不吉。生入，指向首之

星受山星或運星所生，故吉。向首之星，受山星或運星所尅，又受中宮尅制，此重重尅入便為不吉。向星受山星、運星、中宮所生，謂之位位生來，故吉，隨非當旺，但重重生來，亦有財喜。

【解】1.陽宅重向星，向星與山星結合為下卦，除探討山向二星之五行生尅關係外，亦可從卦理上予解釋，以探其影響。向星旺，有水，則主發財之喜。

2.向星受山星、運星、中宮、門向之飛星、城門氣口之飛星等所尅，重重尅入，不吉，故言「立見消亡」。

3.向首形勢不佳，亦做尅入言。

二九、不尅我而我尅，多出鰥寡之人；不生我而我生，乃生俊秀聰明之子．

【註】本段主要在闡明尅入與生出之意涵。

我尅為尅出，尅出者凶。尅我為尅入，尅入者吉。我生為生出，生出者為洩，亦不吉。

【解】我剋者，若向星為旺星，仍不至於凶，若向星為衰死退氣之星，則剋出太過，必凶。生出者為退，主不吉。**原文恐有誤**，青囊奧語云：從外生入名為進，定知財寶積如山，從內生出名為退，家內錢財皆盡廢。故向星若旺，則剋入、剋出、生出都不至於凶。若向星失令，則剋入、剋出、生出，都不吉利。

三十、為父所剋，男不招兒。被母所傷，女不成嗣。

【註】依卦理而言，乾為父，長男為震，山向星為乾金剋震木者，主男不招兒。坤為母，坎為女，山向飛星為坤土剋坎水者，女不成嗣。依紫白訣云：三七疊至，被刼盜更見官災。故三七之聯星，亦是金剋木也。

依大玄空而言，父為向首，男為向首兩邊之旁宮，向星剋旁宮向星者，男不招兒。母為坐山之山星，女為兩邊之旁宮，坐山之山星剋兩旁之山星者，女不成嗣。

【解】1.依小玄空論，山向飛星為三七、三六者為金剋木，恐男不招兒。山星與向飛星為一二同宮者，為坤土剋坎水，主女不成嗣。

2.依大玄空論，向首之向星，剋兩旁宮位之向星者，主男不招兒；坐山之山星，剋兩旁宮位之山星者，主女不成嗣。但仍要看向首與坐山形勢之吉凶參合同論。

三一、後人不肖，因生方之反背無情。賢嗣承宗，緣生位之端拱朝揖。

【註】本段重申形勢與理氣要兼顧。生旺指理氣而言，當運為旺、來運為生、去運為衰、去久為死。有情無情指形勢而言，山水秀麗為有情，山形破碎、水流反弓或沖激直射為無情。

【解】子孫不肖，係由於陰陽宅之坐山立向，雖然當運令星到山到向，但因山形水勢無情，故後嗣不肖。然若當運令星到山到向，且生旺方之形勢，山形水勢端拱朝揖，必有賢慧子嗣繼承宗業。

三二、我剋彼而反遭其辱，因財帛以喪身。我生之而反被其災，為難產以致死。

【註】本段談生出與剋出之情形，我剋彼為剋出，我生之為生出。不論生出與剋出，就理氣而言，若是當運生旺之星，則不致於凶，若是衰死之星，則都不吉。就形勢而言，當運生旺之星，在山向之方，山明水秀，則生出或剋出，亦可不見其凶，若是衰死之星，形勢上若山水反背無情，則立見其害。

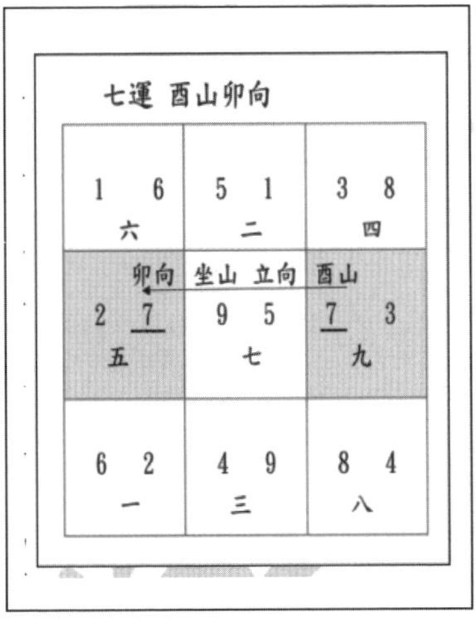

【解】茲舉七運酉山卯向為例如下：

1.兌宮運星為九紫，山星為七赤金，係當令旺星，向星為三碧木，為山星剋向星，金剋木剋出，若坐山形勢佳，則無妨，若形勢惡劣，則為

「我剋彼而反遭其辱」。

2.震宮運星為五黃，向星為七赤金，山星為二黑土，為山星生向星，因向星為七運當旺之星，得二黑土之生，向星更旺而土星更弱，若前方形勢不佳，是「我生之而反被其災」。

三三、腹多水而膨脹．足以金而蹣跚．

【註】1.腹多水：腹，坤也。水，坎也。指二坤土不當令，而一坎水當令，坤土無力制水之現象。故二一同宮時，二坤土無法制水，為衰死之氣，水旺則有腹脹之疾。。

2.足以金：足，震為足，三震木也。金，六乾金及七兌金。故三七或三六同宮，三震木不宜退氣，金剋木會有足疾。

【解】當二坤土為衰氣，而一坎水為當旺之氣，如九運時一白水為生，而二坤土為衰，坤土無力制水，故有腹脹之疾。

當三震木為衰氣，而遇六白乾金或七赤兌金為當令時，如三六或三七同宮，金尅木，若遇三震木為退氣時，會有足疾之患。

三四、巽宮水路繞乾，為懸樑之犯。

【註】此段指形勢而言。乾，為首。巽，為繩索。繞，環繞也。此句妙在「繞」字，故主形巒而言。

【解】形勢上，若有水路或馬路自巽方而來，環繞乾方之宅，則主宅方主人有懸樑自盡之徵兆。

三五、兌位明堂破震，主吐血之災。

【註】本段承前段言形勢之影響。兌位，指坐山在兌宮之位，故主陰陽宅是坐兌向震。明堂指向首之處。此句妙在「破」字。

【解】坐兌向震之陰陽宅，向首明堂形勢破碎，因兌主肺，震主肝，故肝肺俱傷，主吐血之災。

三六、風行地而硬直難堂，室有欺姑之婦。（四二）

【註】巽為風，為長女。坤為地，為老母。風行地，不能說是形勢，因四巽宮

若吹向二坤宮，就變成東西向（震兌宮），故很明顯地係指巽坤同宮而言。地上有風，故成風地觀卦，向星為四綠巽，山星為二黑坤。

【解】茲以八運辰山戌向為例，離宮下卦為風地觀卦，若在離宮開門，而離宮前方有馬路（或水路）直沖，或屋角、壁刀直來，則主宅內有欺姑之婦。因巽木尅坤土，同在一室。

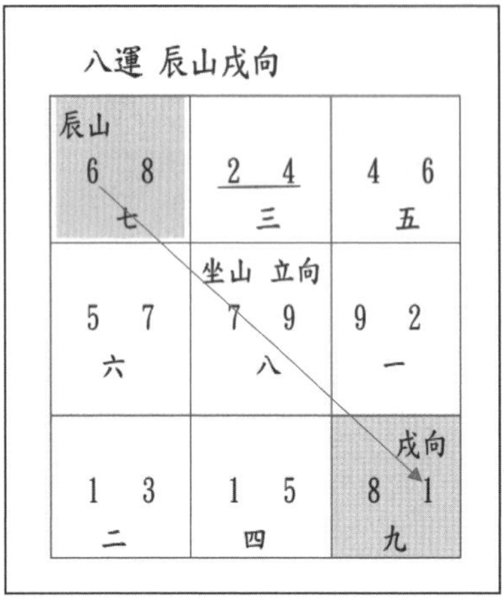

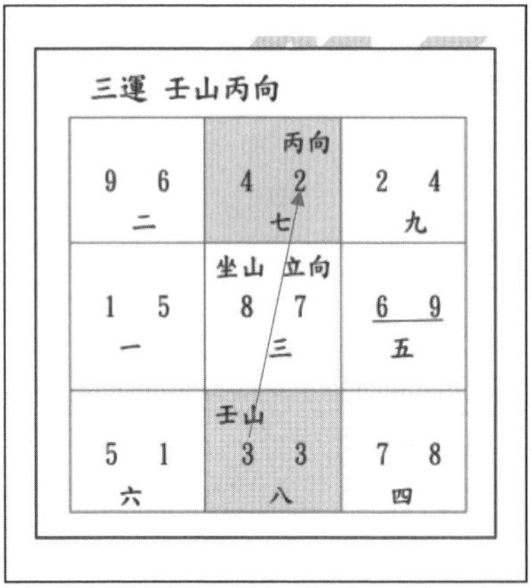

三七、火燒天而張牙相鬥，家生罵父之兒。（九六，六九）

【註】火燒天：九離為火，六乾為天、為父、為金。離火為向星，乾天為山星，下卦為火天大有卦，若形勢上有張牙相鬥之勢，便有此應。

【解】茲以三運壬山丙向為例，若以兌宮開門，兌宮下卦為火天大有卦，九離火尅六乾金，乾父受尅，故有此應。

三八、兩局相關，必生雙子；孤龍單結，定主獨夫。

【註】1.本段論如何旺丁，故以山星之吉凶論之。

2.兩局相關：係指理氣與形巒二局而論。古師以取兼向或取兩卦之間為兩局，這是不正確的，如此則陰陽駁雜，卦氣不清，於理不合。

【解】1.陰宅之坐山得當元旺運，來龍與坐山卦理陰陽調合，形勢上山星有山，山形秀麗，山外又有山，主人丁興旺。

2.孤龍單結，指理氣或形勢能有一支獨秀特出，雖有人丁但不興旺。若理氣不合，山星失令，山形破碎，則主少子或無子。

三九、坎宮高塞而耳聾；離位摧殘而目瞎。

【註】1.坎宮與離位：一指地盤之坎宮及離宮，二指天盤運星之一白坎及九紫離的宮位。今從天盤運星為一白及九紫之宮位來論。

2.坎為耳，離為目，坎離受尅傷在耳目。

【解】1.坎方之來氣，受高大建物或山巖所檔，或該方位有火坑，或火坑上有高掛之大型物件，或有穿堂風等，故傷在耳疾。

2.九紫離方之形勢受到破壞，或該方向之火坑位上，有直射之水路、馬路、無線電基地台、照明燈等火形之物件，因離卦受尅，故傷在目。

四十、兌缺陷而唇亡齒寒，艮傷殘而筋枯臂折。山地被風，還生瘋疾；雷風金伐，定被刀傷。

【註】1.本段舉例說明卦象之應，故是以天盤運星而言，不是指地盤（元旦盤）之卦象。

2.運星為當運之令星，令星到山為吉，則無下述之現象，如目前是八運，八白為令星當旺，其所到宮為吉，若不是八運，則八白到宮之宮位，而其前方形勢上不佳者，當注意八白帶來之問題。

【解】

1. **兌缺陷而唇亡齒寒**：兌為口為肺，運星為七赤所到之宮位，形勢上有缺陷，主有口舌喉嚨等方面之疾病。若七赤所帶之星不吉，嚴重者有瘖啞、兔唇、口腔癌、食道癌等疾。

2. **艮傷殘而筋枯臂折**：艮為手、為筋骨、為鼻、為脾。運星為八白之宮，其前方形勢不佳，則常有卦理上所顯示之疾病。

3. **山地被風還生瘋疾**：艮為山，為八白土。坤為地，為二黑土。巽為風，為四綠木。凡八四、四八、二四、四二同宮，因二黑土或八白土，受四綠巽木所尅，則主瘋疾，因木尅土也。設若二四八同宮（運星、向星、山星），亦有此應。

4. **雷風金伐定被刀傷**：震為雷，為三碧木。巽為風，為四綠木。乾為六白金、兌為七赤金。凡三震木與四巽木受到同宮位六乾金或七兌金所剋者，主刀傷。

四一、家有少亡，只為沖殘子息卦；庭無耄耊，多因裁破父母爻。

【註】1.父母卦與子息卦：①依卦理分，乾為父、坤為母，為父母卦。震長男，坎中男，艮少男，巽長女，離中女，兌少女，為子息卦。②依方位分，各宮位之天元龍為父母爻，地元龍及人元龍為子息爻。

2.沖殘與裁破：指生氣受剋，或山向飛星不吉，而又形勢不佳者均是。

【解】1.天盤運星為六白或二黑之宮位，其山向飛星受剋，就是裁破父母爻。

2.地盤取乾山向或坤山向，該宮位之山向飛星不吉，而形勢破碎，也是裁破父母爻。

3.若天盤運星是震三碧木，其山向飛星受剋，主長男受損。其他如運星一白坎之宮位，其山向飛星受剋，則損次子。如天盤運星為艮六之宮位，其山向飛星受剋，主少男受損。這都是裁破父母爻。

4.若取亥巳之山向，亥山是乾宮之子息卦，巳山是巽宮之子息卦，如亥巳之山星或向星受尅，為沖殘子息卦。若亥山在下元時有水，若巳山在上元時有水，則沖殘子子更明顯。

四二、漏道在坎宮，遺精洩血．破軍居巽位，顛疾瘋狂．

【註】1.水分兩處，但不屬支流，稱為漏道。

2.坎，為水、為血、為腎、為精，故主遺精洩血。

3.破軍，指形勢而言，這裡不是指九星的破軍星。凡形勢上破碎而屬金形之物，為破軍。

【解】1.運星一白坎飛臨之宮位，其前方有漏道情形，男主遺精，女主洩血（婦女病）。若前方山水形勢惡劣者，如山形破碎、建築物高而尖銳凸出、或無線電發射塔等屬金形之物類（破軍），男主好色，女主淫蕩。

2.破軍居巽位：巽為木、為風，為繩。運星四綠飛到之宮位，前方有破軍金星之形勢者，主肝肺之疾，重者有顛疾瘋狂之症候。

3.本段強調勘輿之法，重在因形察氣，先觀察形勢上問題，如有漏道、破軍等修件，則查看其天盤運星及山向飛星，如有生尅則查其克應。

四三、開口筆插離方，必落孫山之外；離鄉砂見艮位，定遭驛路之亡。

【註】1.開口筆：山形尖銳秀麗者為文筆星，主科甲。若文筆星之山峰破碎者，為開口筆，主不利科甲。

2.離鄉砂：凡砂形向外反走，主宅中人員向外發展。

【解】1.**開口筆插離方**：運星九紫離之宮位，其前方有開口筆者，不利升學考試。

2.**離鄉砂見艮位**：運星八白艮之宮位，其前有離鄉砂者，主宅中人離鄉背井。若飛星受尅，或上山下水，兼及形勢惡劣者，亦主客死他鄉。

四四、金水多情，貪花戀酒；木金相反，背義忘恩。

【註】1.坎，為水，為陷。生旺時其性情為智慧、思考、棟樑；當失運時為勞苦、憂慮、淫、矯揉造作、加憂、心病、為盜、為孕、為幽冥。

2.震，為木，為動。生旺時其性情為活潑、前進、開朗、健壯、青春；當失運時為驚恐、震動、爆炸、跌仆。

【解】

1.**金水多情**：當一白水與七赤金同宮，若一白水為生旺運時，則金生水為吉，反之，若一白水為衰退運時，則一白水難承七赤金之生，則坎卦之缺點畢現，故有貪花戀酒之情。

2.**木金相反**：當三震木與七赤金同宮時，若三碧震木為生旺時，兌金剋震木，為剋入，主吉。當三震木為衰退運時，金剋木，主凶不吉，則震木之反面性情畢現，故有背義忘恩之應。

四五、震庚會局，文臣而兼武將之權；丁丙朝乾，貴客而有耆耄之壽。

【註】

1.震庚會局：震宮三山為甲卯乙，兌宮三山為庚酉辛，震庚會局就是甲庚會局，各取地元龍之意。甲庚會局有兩種解，①甲山庚向或庚山甲向之意，②山向飛星為三碧木與七赤金同宮，但只能用地元龍之山。

2.章仲山註：震為天祿，庚為武爵，玄空會合，文武全才。

3.丁丙朝乾：丁丙為離宮之人元龍及地元龍，而乾宮之人元龍為亥山，地元龍為戌山。丁丙朝乾，指山星與向星為九六同宮，為離火剋乾金，剋入者吉，主貴而壽。

4.章仲山註：丁為南極，丙為太微，有真情朝拱，主貴而多壽。

【解】1.**震庚會局，文臣而兼武將之權**：指震庚會局之情形，主出文兼武備之人才。如三運之甲山庚向，震宮之山向飛星為三七同宮。如為庚山甲向，則兌宮山向飛星也是三七同宮。向上有水則應。

2.**丁丙朝乾，貴客而有耆耋之壽**：指地元龍與人元龍之山向飛星，是九紫會六白同宮，主出貴而高壽之人。如六運之申山寅向或寅山申向二局，向首皆得六九同宮，若有水光則應。

四六、天市合丙坤，富堪敵國，離壬會子癸，喜產多男。（火土相生主財，水火即濟主多男）

【註】1.章仲山云：艮為天市，本主財祿，又得火土相扶，故富可敵國，離壬

子癸會成既濟，主多男之慶。又云：然必體得其體，用得其用，方有是徵，若拘拘於呆法者，百無一得也。

2.體用者，理氣為體，形勢為用。理氣之體，卦象也，理氣之用，天地人之爻位也。故玄空之法理氣與形勢需兼顧，談理氣，則卦與爻亦需兼論之。

【解】

1.**天市合丙坤**：艮宮中之丑（土），坤宮之未（土），會離宮之丙（火），此為地元龍相生之局。艮宮之艮（土），坤宮之坤（土），會離宮之午（火），此為天元龍火土相生之局。人元龍則無此相生之局（艮宮之寅木；坤宮之申金；離宮之丁火。火主文明，亦主財，故富可敵國）。（艮宮、坤宮、離宮，三個宮位之人元龍，無此火土相生之局）

2.**離壬會子癸**：離，九紫火也，壬子癸三山在坎宮，一白坎水也。坎一離九同宮，得水火既濟卦，坎中男，離中女，坎離屬正配，主多男。

四七、四生有合人文旺，四旺無沖田宅饒。

【註】1.四生：指四個長生，木以亥為長生，金以巳為長生，水以申為長生，火以寅為長生。

2.四旺：指四個帝旺。木以卯為帝旺，金以酉為帝旺，水以子為帝旺，火以午為帝旺。

【解】1.**四生有合**：寅亥合（艮宮與乾宮之人元龍），八白與六白同宮是也。申巳合（坤宮與巽宮之人元龍合），四綠木與二黑土同宮是也。

2.**四旺無沖**：子酉（一七同宮金水相涵）、子卯（一三同宮水木相生）、午酉（九七同宮火鍛金輝）、午卯（九三同宮木火通明）為無沖，有生財之象。四旺相沖者，子午相沖，一九同宮也；卯酉相沖，三七同宮也，此為合十之局，本無不吉，但相沖尅者，無生財之象。

3.長生帝旺本是五行生旺之意，其相生相尅會產生增旺或減旺之變化。陽宅以向為主，觀察陽宅先注重向星之性質，生入或尅入向星者主吉，當然是人文旺或田宅饒，其為生出或尅出者不吉或不旺。

四八、丑未換局而出僧尼，震巽失宮而賊丐。

【註】1.換局：局不當。

2.失宮：宮不當。

3.下面圖示，同樣是丑未向，二運坤宮與八運艮宮都是二八同宮，但二運時旺向衰山，而八運時是旺山衰向，同樣是丑未之局，時間不同，運途不同，此為換局而失宮。

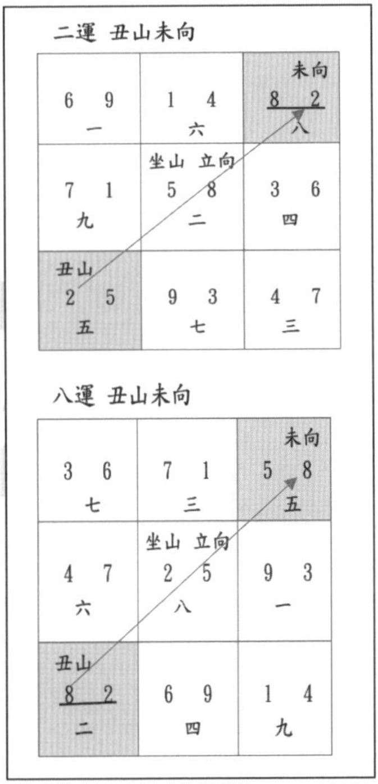

4.震巽失宮：茲舉四運酉山卯向為例，如下圖。

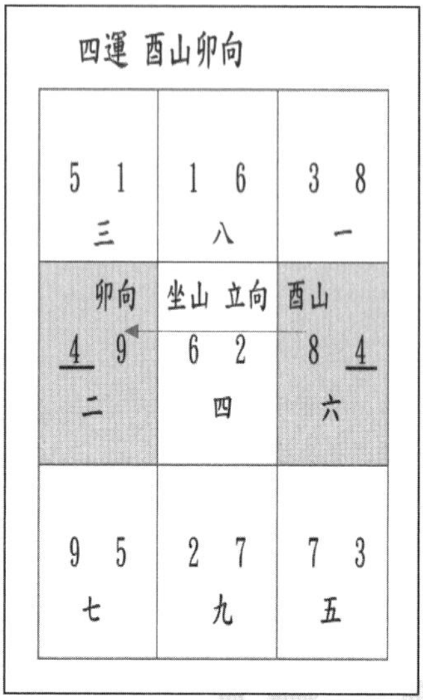

四運山向飛星，令星上山下水，向首（卯）之向星衰而山星旺，坐山（酉）之向星旺而山星衰。此為震巽失宮。

【解】1.坤為寡，艮為隱士，二運山星失令，八運向星失令，故換局而出僧尼。

2.震為賊星，巽為女賊，四運向首（卯山）失令，坐山（酉）失令，故失宮為賊丐。

3.換局而失宮，向首失令故也。

四九、南離北坎，位極中央．長庚啟明，交戰四國．

【註】本段申述四正卦與中宮通氣。南離為九紫，北坎為一白，長庚為七赤兌，啟明為三碧震。

【解】1.沈祖綿云：五運子山午向（及癸山丁向），向上天地盤九，山上天地盤一，向上飛星為五六，五即九的寄宮，山上飛星為四五，五即一的寄宮。中宮的飛星亦為九一。此局南離北坎各得其位，天玉經曰「午山午向午來堂。即此之謂也。」

2.沈氏說明坎離二宮，一白九紫各得其位，與中宮太極一氣相通也，故得時為至貴。

3.沈氏云：五運之卯山酉向，又地盤向上為七，七長庚也。山上為三，三啟明也。向首飛星為五一，五寄於兌宮，金水相生。坐山之飛星為九五，五寄於震，木火通明。故主出武略之人。

4.中宮飛星為七三，中宮三，合東震啟明，震宮山向飛星為九五，九通南離，五通中宮太極。中宮七合西兌長庚，山向飛星為五一，一通北坎，五通中宮太極。

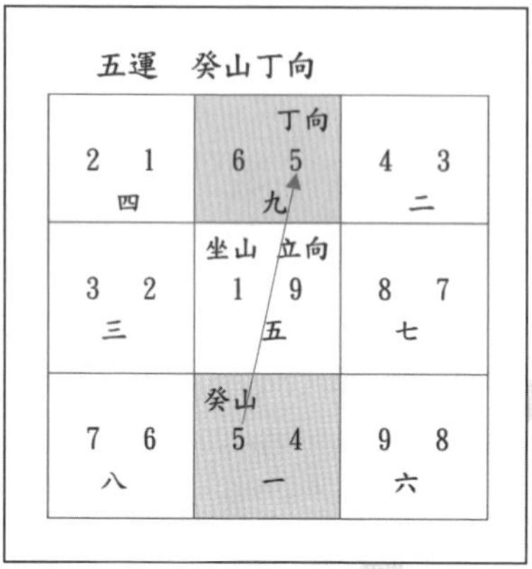

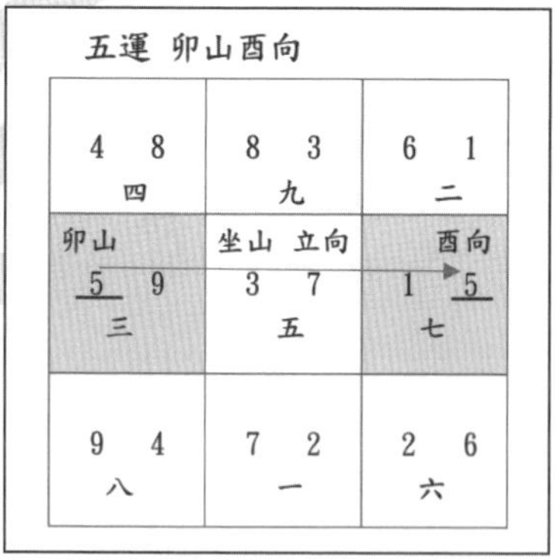

五十、健而動，順而動，動非佳兆。止而靜，順而靜，靜亦不宜。

【註】1.陰陽：從卦理而言，乾為健，坤為順。乾健為陽，坤順為陰。從形勢而言，宅之向首為陽，坐山為陰。

2.動靜：陽動陰靜，陽以向陰為動，陰以含陽為靜，陰陽調和，易之道也。各宮位中之向星與山星，兩者皆陽，為動，兩者皆陰為靜。

3.沈祖綿認為「止而靜」，應該是「健而靜」之誤。觀上下文是對稱的，所以「健而靜」似較合理。

【解】1.山星與向星，兩者皆動，顯得躁進，這不是吉兆。山星與向星，兩者皆靜，顯得退縮，也不適宜。易理之道，陰陽調和而已。

2.山向飛星與地盤星曜相同者為伏吟，合十者為反吟，此皆動靜不宜也。

五一、富並陶朱，斷是堅金遇土。貴比王謝，總緣喬木扶桑。（乾金遇土主富，木旺主貴）

【註】1.堅金遇土：堅金，指乾金。土生金，乾金遇二黑土、八白土，五黃土，主富。

2.喬木扶桑：木指三震木及四巽木，三四同宮，主貴。

【解】1.土主財，乾金遇土生，主發財。故向星與山星，形成五六、二六、八六同宮的情形，主富。如六運甲山庚向，兌宮運星為八白（土），向星六白（金），山星為二黑土。向星六白金受二黑土及八白土之生，且向首主財，坐山主丁，若向首有水則更佳。

2.山向二星形成三四同宮時，主發貴。

五二、辛比庚，而辛要精神。甲附乙，而甲亦靈秀。

【註】兌宮三山為庚酉辛，震宮三山為甲卯乙，一卦三山，四正卦（震宮、離宮、兌宮、坎宮）的地元龍是屬陽，天元龍與人元龍是同屬陰，因此，兌宮的庚山與辛山，其陰陽是不同的，同理震宮的甲山與乙山陰陽也是不同的，若要互相比附，則要體用分明。

【解】天玉經云：水上排龍照位分。若兌宮三山前面有水，則辛山為用時，庚山則為體，辛山前面的水要大要有精神，庚山前的水要秀麗要有靈氣；若震宮的前面有水的話，甲山為用，則乙山為體，甲山的水要大，乙山的水要秀麗。簡言之，地元龍與人元龍要互為體用，這就是水上排龍照位分之法則。

五三、癸為玄龍，壬號紫氣，昌盛各得有因；丙臨文曲，丁近傷官，人財因之耗乏。

【解】1.**癸為玄龍，壬號紫氣，昌盛各得有因**：本句以坎宮為例，玄龍與紫氣都代表旺氣的意思，而事實上，癸山與壬山不可能同時都是令星到山興旺，一個是地元龍另一個是人元龍，陰陽不同，壬山得令時，癸山便失令，壬山失令時癸山便得令，它們之所以昌盛，各都有原因，就是由於挨星飛布各山不同所致。

2.**丙臨文曲，丁近傷官，人財因之耗乏**：丙兼巳是為文曲，丁兼未是為傷官。這都是兩宮交界之處，也都是陰陽駁雜，當然人財因之耗乏。

五四、見祿存瘟皇必發，遇文曲蕩子無歸。值廉貞而頓見火災，逢破軍而多虧身體。

【解】1.勘輿以易理為基礎，後天八卦分佈八方，各有卦名，中宮太極有數無卦，無以名之，因此取九星之名代之，一貪狼（坎）、二巨門（坤）、三祿存（震）、四文曲（巽）、五廉貞（中宮）、六武曲（乾）、七破軍（兌）、八左輔（艮）、九右弼（離）。玄空之法重卦不重星，星就是卦，卦即是星，星無吉凶，以得時為吉，失時為凶。三運得祿存為吉，四運得文曲為吉，五運得廉貞為吉，七運得破軍為吉，這些都不能說是凶，因此不能望文生意。祿存星之所以被認為是瘟皇，是由於失令失運時才是，同理，其他如文曲星、廉貞星、破軍星也是一樣。

2.要確認當運天心是那一卦，凡當運之令星到山到向為旺，都是吉星高掛，飛到來運之星為生，都是佳運，如九運時山向飛星為九紫右弼星時，為當運為旺為吉，飛到一白貪狼星時為生，飛到八白時為退，退久之星為衰死，以此來判斷吉凶。

3.吉凶的判斷，小玄空重視向首及坐山宮位的判讀，大玄空還要看臨近各宮位與向首宮位的相互關係。形家還注重形勢巒頭的秀麗與否，若有沖射、破碎、尅剎等，也要一併綜合研判之。

五五、四墓非吉，陽土陰土之所裁。

【解】1.術家以申子辰合水局，寅午戌合火局，亥卯未合木局，巳酉丑合金局，各局中，第一個字申、寅、亥、巳四者為長生，第二個字子、午、卯、酉四者為帝旺，第三個字辰、戌、丑、未四者為墓庫。

2.就地盤來看，四隅卦的地元龍，未（在二宮）、辰（在四宮）、戌（在六宮）、丑（在八宮），四個地元龍（墓庫）為陰。四正卦的地元龍，壬（在一宮）、甲（在三宮）、庚（在七宮）、丙（在九宮），四個地元龍為陽。

3.就天盤運星來看，各宮位飛來之運星，若是一、三、七、九者，其地元龍為陽，均需順飛八宮，飛臨在辰戌丑未四墓庫之飛星都屬失令；而各宮位之運星若是二、四、六、八者，這四個卦的地龍皆屬陰，陰星入中宮要逆飛，逆飛則令星到向到山，為得運為旺。故甲庚丙壬（陽土）加臨於四墓庫時，均不得運，此即是陽土加臨於四墓者，非吉。反之，陰土（二、四、六、八）加臨於四墓者，為吉。簡言之，坐山立向在墓庫時，若運星是二、四、六、八者，則此墓庫為吉；若運星為一、三、七、九者，則向首或坐山之墓庫為失令，為不吉。這就是四墓之吉或不吉，是由陽土或陰土來決定。

五六、四生非凶，卦內卦外由我取。

【解】1.四生：指四個長生，即寅、申、巳、亥山而言。

2.卦內與卦外：有兩種解釋，①指坐山立向時，能確認出不出卦，不出卦為卦內，出卦為卦外。②卦內指地盤（元旦盤），卦外為天盤（運星盤）。

3.四長生一般認為它是吉星，但長生不一定是吉，其吉凶，必需依佈入中宮之運星來決定，若入中宮飛佈八宮之運星為陽時，則四長生一樣是失令，為凶不吉；若入中宮之運星為陰時，則需逆飛，逆飛時所飛臨之四長生，為得令，為吉。

五七、要知禍福緣由，妙在天心橐籥。

【解】1.橐籥：鑰匙也。天心：三元九運當運之星，入太極中宮，飛佈八宮，故為天心。

2.要知道吉凶禍福的緣由，其妙訣在天心之一卦，山星及向星是當令之星則吉，失令則凶，從來則吉，從去則凶，去久則死。

貳、玄機賦

宋 吳景鸞著　劉信雄（若空）編註

前言

玄空挨星的另一部重要著作就是玄機賦，它強調坐山立向飛星的組合，一宮之中，主要是由運星、向星、山星三者所組成。當運天心之一卦入中宮，飛佈八宮，決定各宮位當運之主要運星，各宮位運星，再依宮內三山之陰陽變易，陽者順飛，陰者逆飛，而得到宮內之向星與山星。挨星即畢，就是「下卦」（以向星為成卦的上卦，飛來的山星為成卦的下卦，組成該宮位之卦象），玄空學依卦象卦理來說明向首與坐山之吉凶，星即是卦，用的是星名，解的是卦象，重卦理而不注重星曜，這是玄空學之特點。

一、大哉！居乎成敗所係。危哉！葬也興廢攸關。

【解】1.居，指陽宅。葬，指陰宅。陽宅重向首，陰宅兼談坐山。

2.陽宅主一家成敗的樞紐；而陰宅則主一家族興廢的關鍵。

二、氣口司一宅之權，龍穴樂三吉之輔。

【解】1.氣口：指陰陽宅來氣的主要地方，陽宅有可能是向首之方，也有可能是向首以外附近其他地方。此與「城門」稍有不同，城門一定是氣口，氣口則不一定是城門，若陽宅立向在離宮（九），則巽宮（四）與坤宮（二）都屬城門，但巽宮為真城門，而坤宮則是假城門。故而，凡與向首之宮，在卦理上合易理一六、二七、三八、四九之宮位者，均可作為城門。使城門得氣，就是城門訣，氣口是否合乎城門訣之要求者，則將決定該宅之興衰，所以說「氣口司一宅之權」。

2.龍穴樂三吉之輔：龍，①指陰宅之坐山立向，②指來脈之山龍及來水之水龍。穴，指陰宅立穴之處。陰宅之立穴，樂見一白貪狼（坎）、六白武曲（乾）、八白左輔（艮）三吉星的輔助。

三、陰陽雖云四路，宗支只有兩家。

【解】1.易曰：太極生兩儀，兩儀生四象，四象生八卦。兩儀者，陰陽也。

2.地盤（元旦盤）二十四山之陰陽：離宮（九）、震宮（三），坎宮（一）、兌宮（七），此四路為陽，分佈於四正之方。宮內三山之陰陽，依順時鐘方向為陽陰陰，故丙、甲、壬、庚各山為陽；午丁、卯乙、子癸、酉辛各山為陰。四隅宮位之巽宮（四）、艮宮（八）、乾宮（六）、坤宮（二），此四路為陰，分佈於四隅之方。宮內三山之陰陽，依順時鐘方向為陰陽陽，故辰、丑、戌、未各山為陰；而巽巳、艮寅、乾亥、坤申諸山為陽。此為不易之陰陽。

3.天盤（運星盤）之陰陽：各宮位運星主宰該宮位一卦三山之陰陽，運星為陽者（一三七九），該宮內三山之陰陽變易為陽陰陰，運星為陰者（二四六八），該宮位三山之陰陽變易為陰陽陽，陽者順飛，陰者逆飛，這是變易之陰陽，又稱雌雄。

4.宗支分兩家：①太極為宗，兩儀為支，一陰一陽為兩家，②地盤不易之陰陽為宗；天盤變易之陰陽（雌雄）為支。③各宮位之運星為宗，向星與山星為支，得運者為正神，失運者為零神。

四、數列五行，體用恩仇始見。

【解】1.玄空卦數各有五行，一白屬水，二黑屬土，三碧屬木，四綠屬木，五黃屬土，六白金，七赤屬金，八白土，九紫屬火。

2.五行之恩：土生金，金生水，水生木，木生火，火生土。

3.五行之仇：土尅水，水尅火，火尅金，金尅木，木尅土。

4.地盤為體，天盤為用，地盤五行的生尅，是判斷吉凶的原則。天盤依此原則，判斷實務上的吉凶，因此優劣好壞了然可見。

五、星分九曜，吉凶悔吝斯章。

【解】1.玄空之星曜，一白貪狼星，二黑巨門星，三碧祿存星，四綠文曲星，五黃廉貞星，六白武曲星，七赤破軍星，八白左輔星，九紫右弼星。

2.玄空之恩：到山到向之飛星，為當令之星為旺，屬來運者為生，皆屬玄空之恩。

3.玄空之仇：到山到向之飛星，為衰為死者為凶，皆屬玄空之仇。

4.星曜本無吉凶，令星到山到向為吉，失令為凶，故向首或坐山之吉凶悔吝，因此而彰顯。

六、宅神不可損傷，用神最宜健旺。

【解】1.宅神：地盤之坐山立向。

2.用神：天盤之山向飛星。

3.若各宮山向飛星與地盤星曜相同或合十，是為伏吟或反吟，則宅神損傷。**五入中宮**，順飛則各宮成伏吟，逆飛則各宮成反吟；各星曜入中宮，某些宮位也會分別有伏吟與反吟發生（參見本書第54頁說明）。

4.若令星到山到向為用神為旺，若向星得到山星（或運星）之生入尅入者，為吉為健；反之，為生出或尅出者，為洩為弱，故用神最宜健旺。再者，山向飛星，令星到山到向者，亦主用神健旺，而上山下水者，一般為凶，但若形勢適配，水星有水又山星有山，也是一種轉凶為吉為現象。

七、值難不傷，蓋因難歸閑地。逢恩不發，祇緣恩落仇宮。

【解】1.逢恩：指向首或坐山，飛來當元得令之星曜。

2.值難：指向首或坐山，飛來失令之星曜。上山下水也是值難。

3.逢恩之星而不見其吉，是因為吉星落入仇宮。仇宮指形勢而言，向首之位，本為水星之位，而水形或道路等沖射，反弓無情，或高峰阻擋等不利向首；而山星坐山低陷無依，山形破碎等，具為形勢之仇，吉星受阻，便不見其吉。

4.值難而不見其凶，是因為失令的星曜，落在閑地。形勢上坐山有山，隨非俊秀，但尚可用，而向首水小，但亦環抱，隨然星曜不吉，但形勢尚佳可用，亦可不見其凶。

5.本段指形勢理氣要兼顧，向首與坐山之星曜，縱然是上山下水不吉，但山星到向，而向首之前有山，而水星到坐山，而坐山後面有水，亦可轉凶為吉。

八、一貴當權，諸凶攝服。眾凶剋主，獨力難支。

【解】1.飛到向首或坐山之星曜，若是當令之旺星，謂之一貴當權，隨剋亦吉。

2.若向首的向星與坐山的山星皆不吉（不得令），而有眾多凶神來剋，則獨力難支，為凶。

3.飛星得令為吉，失令為凶。五行相生為吉，相剋為凶；陰陽調和為吉，同陰同陽為凶；卦象適配為吉，不適配為凶；形勢佳美為吉，破碎或直射為凶。這五項要件，是判斷吉凶的主要依據。

九、火炎土燥，南離何益乎艮坤。水冷金寒，坎癸不滋乎乾兌。

【解】1.火炎土燥：星曜的格局，有相生相剋之妙，但也要注意當令不當令，同樣是火土相生之局，九紫火生二黑土，在八運（或宮位之運星為八白土）時，則主富。若是在六運（或宮位運星是六白金）時，則成火炎土燥，南離之火，也無助於艮坤之土。

2.水冷金寒：六白乾金及七赤兌金，會一白坎水時，本為吉合，但若不是當令，而又無土來制水，則變成水冷金寒。同樣的是金水相生，但不同時令，就會有不同的結果，故宜慎思之。

十、然四卦之互交，固取生旺。八宮的締合，自有假真。

【解】1.四卦：玄空挨星之四卦係指天盤、地盤、向星、山星而言。這四者會有交互影響之現象。天盤決定各宮位一卦三山之生旺衰死。各宮位之向星與山星則為下卦之基礎，也注重五行生剋之關係，以判吉凶。地盤則為方位的根基，二十四之陰陽及八宮之卦象，均以地卦為基礎，分析時，陽宅以向為主，陰宅則山向皆看，向首之向星，及坐山之山星，是山向之主星，主星之生旺衰死，及其他星曜之生剋制洩，是判斷分析之依據。

2.八宮之締合：八宮指地盤之八個宮位，其卦象由離、巽、震、艮、坤、兌、乾、坎締合而成，判斷吉凶之時，要兼看形勢條件，形勢佳美為真，形勢破敗為假，真主吉，假主不吉。

十一、地天為泰，老陰之土生老陽。（二六）

【解】坤為地，乾為天，坤為二黑土，乾為六白金，若二六同宮，下卦為地天泰卦，這即是老陰之土生老陽之乾金，主富。

十二、若坤配兌女，庶妾難投寡母之歡心。（二七）

【解】坤為老母，兌為少女，坤為二黑土，兌為七赤金，若二七同宮，下卦為地澤臨，前段是老陰配老陽，主富，本段老母配少女，二女老少配，雖然是土金之配，但不是正配，故說庶妾（少女）難投寡母之歡心，因卦中無男星，故暗主宅中出寡婦，若為失令，則主男貪風流，女沉淫蕩。

十三、澤山為咸，少男之情屬少女。（七八）

【解】1.前段老陰生老陽，土生金主富，本段少男生少女，同樣是土生金，亦主富。

2.艮為少男，兌為少女，艮八屬土，兌七屬金，八白土生七赤金，故主富。

3.八七同宮，或七八同宮，但必需是得令則主富，失令則否。

十四、若艮配純陽，鰥夫豈有發生之機兆。（八六）

【解】1.艮為八白土，屬少男，屬陽；乾為六白金，屬老父，屬純陽。陽土不育陽金，上下皆陽沒有生機。縱使得令，只能說鰥夫致富，若旺運一過，隨即失敗，家運凋零。

2.凡八六、六八同宮，主家出鰥夫不利生財之外，亦主不利婦女，若運星為二黑，二黑屬陰土，則陰土生陽金，情況便不同，若是年紫白二黑來臨，則主一時改善，時過便遷。

十五、乾兌託假鄰之誼。（六七）

【解】1.六七同宮時。乾為六白金，兌為七赤金，乾為陽，兌為陰，老陽配少女，並非適配，得運時還可以安定一時，由於兩卦相鄰，故可託一時之誼，但時過即變。

2.由於乾兌皆金，兩金相交，一旦失運即成交劍煞，相互掠奪、攻擊。

十六、坤艮通偶爾之情。（二八）

【解】1.坤為二黑土，艮為八白土。二八同宮合十，通於洛書合十對待之情，故為吉配。

2.二八同宮，若遇運星為六白金或七赤金，則更為佳美。

十七、雙木成林，雷風成薄。中爻得配，水火相交。

【解】1.震☳為三碧木，巽☴為四綠木，先天卦震巽為雷風相薄，後天卦，震為陽木，巽為陰木，兩宮相隣。

2.坎☵為一白水，離☲為三碧火，先天卦坎離為水火不相射，後天卦，則離火居先天乾位，坎水居先天坤位，坎離一交成乾坤，中爻得配也。

3.坎離一交，與震巽一交，同樣是陰陽得配，均為吉象。

4.三四同宮，雙木成林，若前方有水，當運發財。若是失運，則如飛星賦所云：同來震巽，昧事無常。

十八、木為火神之本，水為木氣之元。

【解】1.木生火，故木為火神之本。

2.水生木，故水為木氣之源。

十九、巽陰就離，風散則火易熄。震陽生木，雷奮而火尤明。

【解】1.巽陰就離：指四九同宮。巽，為四綠木，為長女、為風，屬陰。離，為九紫火，為中女，屬陰。二陰卦同宮，是木火相生，仍有缺憾，玄空秘旨云：木見火，而生聰明奇士。此係指當運而言。若失令則巽風熄火，因色致敗，宅中女人不利。

2.震陽生木：指三九同宮。震，為三綠木，為長男，屬陽。三震木會九離火，為陰陽相配相生，當震木得令得運時（雷奮），為木火通明，生聰明之子，家業得興。當失令失運時，離火晦暗，家業可能因一時意氣用事而傾覆。

3.故「巽陰就離」之局，若四綠當令，而外局秀美者，不主色敗。而「震陽生木」之局，若主星震木不當令，而外局破碎，就不能說是木火通明。

二十、震與坎為乍交。離共巽而暫合。

【解】1.震與坎為乍交：指一三同宮。一坎水生三震木，水生木長自然生生之意，但坎☵水為次男，震☳木為長男，兩者皆陽，陽水生陽木，雖然相生但不能持久，故為乍交。

2.離共巽暫合：指九四同宮。九紫離☲火，為次女，屬陰；四綠巽☴木，為長女，屬陰。兩陰相交，當令時，木能生火，但不能持久，故為暫合。

二一、坎元生氣，得巽木而附寵聯歡。

【解】1.當一四同宮時，一白坎☵水為中男，屬陽。四綠巽☴木為長女，屬陰。陰陽相配，生氣盎然。

2.當一坎水得令當旺時（附寵），木洩旺水，生機持久，故附寵聯歡。但當一白坎失令時，坎水變弱，木洩水氣，弱水不堪，失令即衰敗。故一四同宮失令即敗之象。

二二、乾乏元神，用兌金而傍城借主。

【解】1.當六七同宮時。六白乾金，乾☰為老父，屬陽；七赤兌金，兌☱為少女，屬陰。老陽配少陰，雖然是陰陽之配，但並不適配。

2.當乾金失令時，是為乾乏元神，此時乾金會兌金（六七同宮），則最需要坎水來救濟，若臨宮有坎水可以來做為城門，或紫白坎水來會，這即是傍城借主。因為坎水為陽，可以中和陰陽，可以洩兩金之氣。

二三、風行地上，決定傷脾。

【解】1.此處指四二同宮。四綠巽☴為風，為木，二黑坤☷為地，為土。由於風行地上，則指向星為巽，山星為坤。下卦為風地觀䷓卦，依卦象五行生尅而言，木尅土，土為脾胃，故主傷脾胃。

2.若依卦象之陰陽而言，巽為長女，坤為老母，兩者皆陰，長女尅老母，故主「室有欺姑之婦」。

二四、火照天門，必當吐血。

【解】1.此處指九六同宮。九紫離，為火；天門指乾宮，六白乾，為金。九紫火尅六白金。

2.依卦象之五行而言，金屬肺，火尅金則傷肺，故有吐血之徵兆。

3.依卦理來推，乾☰為老父，離☲為中女，離火尅乾金，亦指家生罵父之兒。

4.依卦象之顏色推，若向星為九紫離火，則家中不宜用紅色或赤色裝潢，否則有火燒天門之象。若宅前有紅色建物如廟宇等，亦主火燒天門、出子不孝、吐血徵兆。

二五、木見戌朝，莊生難免鼓盆之嘆！

【解】1.木見戌朝，係指坐辰向戌而言，戌山得用，而氣口城門為四六或六四同宮。六四合十，本為佳美，但戌本性屬土，宮位屬金，又為火庫。巽木生離火，離火生中土，中土生戌金，強金（戌）再剋木，五行金為夫星（乾金為老陽），木為妻星（巽木為長女），妻星受剋，故有鼓盆之嘆。鼓盆者，喪妻也。

2.因為戌山得用時，六四同宮或四六同宮才有此應，故以下的宮位，若作為氣口、水口、路口、城門，才會有以上之條件：

二運，辰山戌向，艮宮丑山（四六同宮）為氣口。

三運，辰山戌向，震宮甲山（四六同宮）為氣口。

七運，辰山戌向，兌宮庚山（四六同宮）為氣口。

八運，辰山戌向，坤宮未山（四六同宮）為氣口。

3.本段言，坐辰向戌，戌山得用，而氣口為四六或六四者，妻星受剋也。

二六、坎流坤位，賈臣常遭賤婦之羞。

【解】1.坎一白水，為中男，坤二黑土，為老母。一二同宮，二黑土尅一白水，中男受坤土之尅也。

2.六運時，**坐子向午**（或坐癸向丁亦同），雙星到向，向首當旺，而巽宮飛星為一白坎見二黑土，此時若於巽方或巳方為氣口，則有坎水受尅之現象，中男受尅。

3.本段指子山午向，向星隨旺，但氣口不當，夫星受尅之情形。

二七、艮非宜也，筋傷股折。兌不利歟，唇亡齒寒。

【解】1.非宜與不利，係指向星或山星失令，而又形勢不佳者而言。

2.艮為八白，八白星失令，用之則主傷筋股折。

3.兌為七赤，七赤星失令，用之則主唇亡齒寒。

4.以上兩者，當需理氣不合與形勢不佳，兩者兼具乃驗。

二八、坎宮缺陷而墮胎。離應巉巖而損目。

【解】1.坎宮缺陷：坎為水，為陷，為血卦。陽宅向首之飛星為一白坎，若一白坎失令，而向首之形勢不佳者（缺陷，又指形勢上之缺陷），常有血光之災或血液之疾，女主流產、墮胎、小產等。

2.離應巉巖：離為火，為目，飛星為九紫離火，而失令，形勢上前方有尖銳斜射之物指向宅方者，主眼睛之疾病。

二九、輔臨丁丙，位列朝班。

【解】1.輔，係指左輔星，為八白艮土。

2.丁丙，指丙午丁三山而言，此處指九紫離火。

3.輔臨丁丙：指八白土與九紫火同宮。

4.若向星為八白，山星為九紫，下卦為山火賁卦，山下燃燒著火焰，山形更加煥彩增美，因山星生向星，向主財祿，故指宦途增輝。

5.若是向星為九紫，山星為八白，下卦為䷷火山旅卦，山上燃燒著火，火勢流行不止，因向星生山星，山主人丁，故主旺人丁。

三十、巨入坤艮，田連阡陌。

【解】1.巨，指巨門星；坤，指二黑坤。巨與坤，均指二黑土而言。

2.巨入坤艮：指二黑土與八白土同宮。兩者皆屬土，因土主財富，不指官貴，故二八同宮主田連阡陌。

三一、名揚科第，貪狼星在巽宮。

【解】1.貪狼星在巽宮：一白為貪狼，為官星，四綠巽卦，為文昌星。故一四同宮，古來均認為有利科考，今無科舉考試，故一四同宮，即指文昌位，有利讀書考試。

三二、職掌兵權，武曲峰當庚兌。

【解】1.武曲，指六白武曲星，五行屬金。

2.庚兌，指兌宮，七赤破軍星，五行屬金。

3.武曲峰當庚兌：指六七同宮，兩金相會，顯有肅殺之氣，不論向星是六或七，均屬旺氣，故有「職掌兵權」之喻，利於武職或財務（武曲星主武財）。若是向星失令，則為交劍煞，不吉，兩金相交主破財刑尅。

三三、乾首坤腹，八卦推詳。癸足丁心，十干類取。

【解】本段專指八卦、十干、十二支克應的問題。

（一）八卦與人體之關係

先天卦：乾頭、兌口、離目、震足、巽股、坎耳、艮手、坤肚。

後天卦：

震巽：震木主三焦（上焦心、中焦胃、下焦膀胱）。巽木為肝膽。震先天為八數，巽先天為二數，二八相通，有一犯之，則有互引之可能。

兌艮：艮土主脾胃，先天六數，兌金主大腸、肺，先天數四。六四互通而互相引發。

坎離：離火主小腸及心，先天三數，坎水主膀胱及腎，先天數七。三七互引為病。

乾坤：坤土主肚脾胃，先天數一，乾金主頭肺，先天數九。一九互引為病。

（二）天干與人體之關係

甲木為膽、乙木為肝；丙火為小腸、丁火屬心；戊土屬胃、己土屬脾；庚金屬大腸、辛金屬肺；壬水膀胱、癸水屬腎與女人之子宮卵巢。

（三）地支與人體之關係

子（水）丑（土）為足；寅（木）為膝、卯（木）為中膈；辰（土）為肚；巳（火）為脊柱、午（火）為頭；未（土）為面；申（金）為胸背；酉（金）為肚；戌（土）為中膈；亥（水）為膝。

（四）五行與人體之關係

金主肺、木主肝、水主腎、火主心、土主胃。

（五）玄空挨星論克應，係以天盤（運星盤）為主（地盤只能參酙），因為天運流轉，生尅吉凶，將因時而變易，尤其向星與山星間之生尅，尤其應驗。

三四、木入坎宮，鳳池身貴。金居艮位，烏府求名。金取土培。火宜木相。

【解】1.本段強調五行相生的關係，向首以向星為主，山星生向星為生入，生入為吉。而向星生山星為生出，生出為洩，為退，以主星來說，則不是吉利的。此外，陰陽相生為吉，陰生陰、陽生陽，為有缺憾，不全吉。

2.木入坎宮：指一四同宮，主發科甲，正途出身，為進貴之途。。

3.金居艮位：指七八同宮，七赤兌金，八白艮土。艮為陽土，兌為陰金。陽土生陰金，為吉象，而金帶肅殺之氣，功名不同前者，故烏府求名（烏府，古之御史府），有進階之望。其功名應指，有利於求得類似今日之監察委員、立法委員、縣市議員之類的公職。

4.金取土培，火宜木相：土生金與木生火，都是主貴，但性質不同，土生金之格局，主武貴，木生火之格局，主文貴。

參、飛星賦

作者不詳　劉信雄（若空）編註

閑流八卦顛倒九疇，察來彰往，索隱探幽。承旺承生，得之足喜，逢衰逢謝，失則堪憂。人為天地之心，凶吉原堪自主，易有祥災之變，避趨本可預謀。小人昧理妄行，禍由自作；君子待時始動，福自我求。

一、試看，復壁揕身。

【解】1.復，指地雷復䷗（2,3）。坤為土，為積土。揕，打擊或攻擊之意。

2.地雷復䷗卦象，震木尅坤土，為尅入，故主土擊。

二、壯途躓足。

【解】1壯，指雷天大壯䷡（3,6）。躓，指遇阻礙而跌倒，或做事不順利。

2.震為足，乾為行人。乾金剋震木，為尅入，且陽金尅陽木，主跌仆也

三、同人車馬。

【解】1.同人，指天火同人䷌（6,9）。離火尅乾金，為尅入。

2.乾☰屬金，為馬，為遠，為行人。離☲為火、為日，為中女。兩者五行皆為陽。離火尅乾金，得令時，有車馬馳驅之象，馳驅者，奔走、追逐、傳播、施展之意。失令時，有火燒天門之喻。

四、小畜差傜勞碌。

【解】1.小畜：風天小畜䷈（4,6）。

2.巽☴，為風、為命令。乾☰為大人。乾金剋巽木，為尅入，故有差傜勞碌之象。五陽剋一陰。巽失令時，因巽為風為飄蕩，亦主有憂鬱傾向。

五、乙辛兮家室分離。

【解】1.乙辛：指雷澤歸妹 ䷵（3,7）。乙即震 ☳，為主，為夫，為反，為出。辛即兌 ☱，為少女，為毀折。

2.兌金尅震木，為尅入，故有家室分離之應。

六、辰酉兮閨幃不睦。

【解】1.指風澤中孚 ䷼（4,7）。辰在巽宮，巽 ☴ 為長女。酉在兌宮，兌 ☱ 為少女。閨幃，指女子居住的地方。

2.兌，為金。巽為木。兌金尅巽木，皆為陰卦，故主閨幃不睦。

七、寅申觸巳，曾聞虎咥家人。

【解】1.指地山謙 ䷎（2,8）。陰土會陽土。咥，咬也。

2.參宿為白虎在申，寅亦有尾虎。申在坤 ☷ 宮，坤為地，為陰土，寅在艮 ☶ 宮，艮為山，為陽土，申寅相對，衝則動。若遇流年巳火弔來，寅刑巳，巳刑申，三刑會，自有哇人之象，又象取坤虎艮山巽風，然事不常見，故取象於犬傷。

3.本段字面上的意義，雖是寅申巳地支三刑的情形，但事實上是指向首之星，下卦為地山謙 ䷎（2,8）時，若向星失令，又年紫白飛星是九紫離火來會，或城門氣口為九紫離時，將會引動家庭不睦，爭鬥不休，因坤為老母，艮為少男，隨然陰陽相見但不適配，若老陰失令，離火中女來會，必然興起事端。此外，若是二九會八白、八九會二黑，二八會九紫，也一樣會引動家庭不睦，或是組織內部成員間之是非。

八、壬甲排庚，最異龍摧屋角。

【解】1.水雷屯 ䷂（1,3）。坎水生震木。

2.壬在坎宮（1），甲在震宮（3），庚在兌宮（7）。震為龍，坎為雲、為雨，兌為澤。震坎相生，雲從龍象，兌來衝剋，龍飛騰象，主有龍陣摧屋，但事實上龍不可見，故取象於蛇。

3.水雷屯 ䷂（1,3）會見年紫白七兌金，則金生坎水，水生震木，為生出，得令時尚可承受旺水，失令時，水洩難當，有破家之兆。

九、或被犬傷，或逢蛇毒。

【解】1.依卦象言，艮 ☶ 為犬，震 ☳ 為蛇、為龍。依地支而言，戌為犬，巳為蛇。

2.或被犬傷：犬行於地，依卦象則為山地剝 ䷖ 卦（8,2），故流年地支為巳蛇之刑沖年，有犬傷之象。

3.或逢蛇毒：蛇為小龍，飛龍在天，依卦象則為雷天大壯 ䷡（3,6），故年逢地支為戌之刑沖年，宜小心蛇毒之害。

十、青樓染疾，只因七弼同黃。

【解】1.澤火革 ䷰（7,9）。離火尅兌金，會五黃土。

2.兌 ☱（7）為少女，為賊妾，離 ☲（9）為中女，為心，為目，心悅少女，淫象也，故年紫白為五黃，或城門氣口為五黃，五黃土生七兌金，金旺，火剋旺金，得令時濫情，失令時，更宜小心青樓染疾，易患花柳瘡毒。

十一、寒戶遭瘟，緣自三廉夾綠。

【解】1.三廉夾綠：三，指三震木；廉，指五黃廉貞星；綠，指四綠巽木。三五會四綠，失令時易遭瘟神。

2.本段指向星是三碧震木，山星為五黃廉貞星，因五黃有星無卦，本性土，變性火，三震木為陽木，為虫，廉貞為陽土，陽木剋陽土而木又生火，廉貞性毒，三五會到向首，倘若震三失令（寒戶），城門氣口或年紫白四巽木來會，巽為陰木，巽風夾之（夾綠），故有風疹（遭瘟）。

十二、赤紫兮，致災有數。

【解】1.澤火革䷰（7,9）。離火剋兌金。

2.七赤為先天火數，九紫乃後天火星，二星相併，火如衝動，災必驟發，洩之（八艮土洩離火）反不見殃，火性炎烈故也。

3.致災之其他條件：①向星失令。②向首紫白飛星二五交加。③外在形勢惡劣容易觸發，④二十四天星罡刼弔煞來犯（參見本書第207頁）。

十三、黃黑兮釀疾堪傷。

【解】1.黃，指五黃廉貞，本性屬陽土；黑，指二黑坤，為陰土，為巨門星。

2.二黑在一、二運為天醫，餘運為病符，若與五黃同到（二五交加），疾病損人。

十四、交圭乾坤，吝心不足。

【解】1.圭；是測日影的工具，本處指挨星下卦之意。向星與山星下卦為乾坤交會。

2.天地否 ䷋（6,2），乾為金，坤為土，天居上，地居下，陰陽兩不相交合，有吝嗇之象，指失令時吝而無捨。

十五、同來震巽，昧事無常。

【解】1.雷風恒䷟（3,4）。陽木會陰木。

2.震為出，巽為入。得令時，雷發風行，常相交助。失令時，出入不當，因循誤事。

十六、戍未僧尼，自我有緣何益。

【解】1.天地否䷋卦（6,2）。天上地下，陰陽分道。

2.戍為僧，戍在乾☰（6）宮；未為尼，未在坤☷（2）宮。失令時，僧與尼，相生何益。

十七、乾坤神鬼，與他相剋非祥。

【解】1.天地否䷋卦（6,2）。意指與當運令星相背。

2.乾☰（6）為神，坤☷（2）為鬼，剋之則惹鬼神指責，故當運令星尅乾金（九離火尅乾金）或尅坤土時（三震木尅坤土），並非吉兆。

十八、**當知四蕩一淫，淫蕩者扶之歸正。**

【解】1.風水渙䷺（4,1）卦。坎水生巽木。

2.四巽☴為風，故蕩，一坎為☵水，水勢趨下，須扶，所以得運時吉，失運時凶。四一同宮，風水渙䷺（4,1），得令時發文采，失令時則淫蕩。

十九、**須識七剛三毅，剛毅者制則生殃。**

【解】1.雷澤歸妹䷵（3,7）。兌金尅震木。

2.三為震，七為兌。三碧祿存星，失運時為蚩尤星或禍害星。七赤破軍星，失運時為破耗星。兌金尅震木，兩者皆為剛毅之性，故三七皆不可尅制，尅制則其禍尤烈。

二十、**碧綠風魔，他處廉貞莫見。**

【解】1.雷風恒䷟（3,4）卦。陽木會陰木。

2.三碧震木☳（3）會四綠巽風☴（4），失令時昧事無常，本主瘋病，五黃廉貞到氣口則立應。

二一、紫黃毒藥，鄰宮兌口休嘗。

【解】1.紫，指九紫離。黃，指五黃廉貞星。鄰宮兌口，指五黃到七兌宮。

2.向首下卦得九五，再會七兌金：九紫離火，廉貞本性土，變性火，火味苦，五黃性毒，故為毒藥。若氣口城門逢七兌金，或流年七赤金來會，兌☱（7）金貪五土之生，則毒藥入口，嗜煙者如之。此即，九五有毒性，兌口就之，吸毒心。

二二、酉辛年，戊己吊來，喉間有疾。

【解】1.本段說明七兌金會五黃土。

2.酉辛年太歲在兌宮，兌☱（7）為喉舌，若年紫白五黃飛星到兌宮，或氣口城門逢五黃則生喉癌。

二三、子癸歲，廉貞飛到，陰處生瘍。

【解】1.本段指一坎水會五黃土。

2.子癸年，太歲在坎宮，一坎☵為腎，故為陰處，主膿血，若年紫白五黃飛星到坎宮，五黃土剋一坎水，故有生瘍之象。

二四、豫擬食停。

【解】1.雷地豫䷏卦（3,2）。震木剋坤土。

2.震☳為雷，為三碧木。坤☷為脾胃，為二黑土，木剋土，脾胃受傷，故食停。

二五、臨云泄痢。

【解】1.地澤臨䷒（2,7）卦。兌金洩坤土。

2.坤為腹為土，兌為澤為金，坤土失令，澤金泄坤腹之氣，澤性注下，故主痢。

二六、頭響兮六三。

【解】1.天雷無妄䷘（6,3）卦。乾金剋震木，陽金剋陽木，為剋出。

2.乾為首，震為聲，雷性上騰，故頭鳴，大抵肝陽上升等症。

二七、乳癰兮四五。

【解】1.下卦為四五，五黃無卦。

2.四巽☴為陰木，為乳，主膿血。五黃無卦為廉貞。四巽木剋五黃土，失運時得乳癌。

二八、火暗而神智難清。

【解】1.離☲為火，為明，失令時則暗。

2.離☲（9）為火，為神，為明，為目，若離宮失令且形勢幽暗，主神智難清。

二九、風鬱而氣機不利。

【解】1.風鬱：巽為風，且失令。

2.向星為巽☴（4），巽在天為風，在人為氣，巽宮形勢窒塞，故氣機不利。

三十、切莫傷夫坤肉震筋，豈堪損手離心艮鼻。

【解】1.此言方位不可有惡形。

2.向首方位（向星）形勢惡劣，若在坤（☷）卦，則傷及腹、脾胃、皮肉；若在震（☳）卦，則傷及腿、足、肝、筋骨；若在艮（☶）卦，則傷及手、鼻、脊、脾胃等；若在離（☲）卦，則傷及眼睛、心臟、小腸、血管（液）等。

三一、震之聲，巽之色，向背當明。

【解】1.向背，向指得運，背指失運。

2.震☳（3）之聲，指演藝事業；巽☴（4）之色，指書畫藝術事業。得令時出藝術大師，失令時，出藝術工匠。

三二、乾為寒，坤為熱，往來切記。

【解】1.往來：向星為生旺之氣者為來，向星為衰死之氣者，為往。

2.乾坤，天地也，本段指身體。寒熱：指生理症候。當向首為二黑坤土時，坤為大地，為身體，也是病符星，得令時，醫葯興家，失令時，葯石不輟，故要切記向星之生旺衰死。

3.向首之形勢，及氣口城門之興旺衰死也相當重要，形勢佳美或惡劣，影響很大，都要兼顧。

三三、須識乾爻門向，長子癡迷。

【解】1.乾爻，戌也。乾爻門向：向首為六乾金。

2.乾☰（6）為知，為健。向星為乾，或氣口為乾，得令時，長子精靈；失令時，則長子癡迷。

三四、誰知坤卦庭中，小兒憔悴。

【解】1.小兒：指艮卦。坤卦庭中：指艮宮向星為二黑坤。

2.二黑坤☷為病符星，若艮宮向星為二黑病符星，失令時，主少男病。

三五、因星度象，木反側兮無仁。

【解】1.因星度象：依據卦氣來審度形勢。

2.木反側兮：木，指震木，震☳（3）木為仁。反側，形勢反背。

3.凡向星為三碧之向首，前方形勢反背者，失令時，居之不仁。

三六、以象推星欹斜兮失志。

【解】1.以象推星：依據形勢來審度卦氣。此與前句，因星度象相反。

2.欹斜：指形勢傾斜不正。坎者陷也，故欹斜者，指坎卦而言。

3.向星為坎☵（1），坎為志，坎星失令，故失志。

三七、砂形破碎，陰神值而淫亂無羞。

【解】1.砂形破碎，指陰宅之左右砂，破碎不完美。

2.陰神，陰卦也，二黑坤☷、四綠巽☴、七赤兌☱、九紫離☲，皆是陰卦。

3.砂形破碎，又山向令星皆是陰神，主宅中人淫亂無羞。

三八、水勢斜衝，陽卦憑則是非牽累。

【解】1.水勢斜衝：指形勢而言。

2.陽卦：一坎☵為次男、三震☳為長男、六乾☰為老父、八艮☶為少男也。

3.形勢上水勢斜衝，坐山立向之山星與向星皆為陽卦，失令時則多是非牽累。

三九、巽如反臂，總憐流落無歸。

【解】1.向星或山星為四綠巽☴，且砂形如手臂向外反抱者。

2.砂形斜飛向外無情，主流落他鄉，因巽為風，性飄蕩故也。

四十、乾若懸頭，更痛遭刑莫避。

【解】1.懸頭，斷頭砂也。遭刑，殺戮也。

2.向星或山星為六乾金者，挨到之處，有斷頭砂，失令時有遭殺戮之禍。

四一、七有葫蘆之異，醫卜興家。

【解】1.七赤為兌金，兌為澤☱（7），七為刑，為刀斧、為兵器，有除惡之象。

2.向星為七赤兌金，砂形有葫蘆之形狀者，若七兌得令得運，主有懸壺濟世之象，故為醫。

四二、七逢刀盞之形，屠沽居肆。

【解】1.刀盞，指砂形。七乃指西方兌金。屠沽，為古時屠夫或賣酒的人。居肆，指市集貿易的地方。

2.向星為七兌金，前方砂形有如屠刀形者，主出市集中之屠夫。

四三、旁通推測，木工因斧鑿三宮，觸類引伸，鐵匠緣鉗錘七地。

【解】1.此憑砂之形象以斷，千變萬化，總在形與星也。

2.斧鑿三宮：三宮，古時指明堂（祭臺）、辟雍（學府）、靈臺（觀察天文之台）為三宮。此處文意原指精良的木工才能擔當三宮的建造。此處三宮暗喻三震宮，三震木也。

3.本段指因卦意及形象，可以斷所出人才的特質，觸類旁通，木工以三震木為星，以木工工具為形取象，金工鐵匠，以七兌金為星，以鉗錘為形取象，其他可以類推。

四四、至若蛾眉魚袋，衰卦非宜，猶之旗鼓刀鎗，賤龍則忌。

【解】1.衰卦、賤龍，均指失令失運而言。

2.本段之蛾眉、魚袋、旗鼓、刀鎗，均指砂形而言。

3.得令時，蛾眉女貴，魚袋男貴，失運時反而為賤。旗鼓刀鎗，得時得令為將為帥，失運失令時，反主盜賊也。

四五、赤為形曜，那堪射脅水方，碧本星，怕見探頭山位。

【解】1.赤，七赤兌☱金；碧，三碧震☳木。

2.向星為七赤兌金，得運時，因砂形而顯出其光彩，但也會因前方射脅水，而轉變為凶。本段指星佳而形惡，則變吉為凶惡。

3.向星為三碧震木，失令時原木就是暴徒、賊星，會因前方有探頭山，而變得更加厲害。本段指，星惡而形也惡，則變為更加凶惡。

4.射脅水及探頭山最凶，若七三臨之，禍更甚。

四六、若夫申尖興訟。

【解】1.尖者，尖峰也。申者，申酉戌為西方金。

2.山之尖形者，得令時，在一坎（☵）九離（☲）為文筆峰，在四巽（☴）為書畫筆，在七兌（☱）金為詞訟筆，為刑宮，失令時，主詞訟破家。

四七、辰碎遭兵。

【解】1.辰乃天罡，係二十四天星之一，罡刼吊煞為四惡星，若向星失令，而在四惡星之方，山形破碎，犯之，有兵戎之災。

2.三元九運二十四天星表如207頁圖表：

四八、破近文貪，秀麗乃温柔之本。

【解】1.破，指七赤兌金（破軍星）。文，指四綠巽木（文曲星）。貪，指一白坎水（貪狼星）。

2.一四同宮，水木相生，主發文名，在向發財，在山旺丁。若失令又雜七赤破軍，則陷溫柔鄉，身敗名裂。

巽四宮			震三宮			艮八宮			坎一宮			
巳	巽	辰	乙	卯	甲	寅	艮	丑	癸	子	壬	24山
功曹	將軍	鬼劫	金箱	鳳閣	天吊	鑾駕	帝座	八武	玉葉	龍樓	地劫(剎)	一運
玉印	寶蓋	天殺	帝輦	龍墀	炎烈	金枝	寶殿	天罡	功曹	將軍	鬼劫	二運
鑾駕	帝座	八武	玉葉	龍樓	地劫(剎)	直符	華蓋	劫煞(殺)	玉印	寶蓋	天殺	三運
玉葉	龍樓	地劫(剎)	直符	華蓋	劫煞(殺)	玉印	寶蓋	天殺	帝輦	龍墀	炎烈	四運
金枝	寶殿	天罡	功曹	將軍	鬼劫	金箱	鳳閣	天吊	鑾駕	帝座	八武	六運
帝輦	龍墀	炎烈	金枝	寶殿	天罡	功曹	將軍	鬼劫	金箱	鳳閣	天吊	七運
金箱	鳳閣	天吊	鑾駕	帝座	八武	玉葉	龍樓	地劫(剎)	直符	華蓋	劫煞(殺)	八運
直符	華蓋	劫煞(殺)	玉印	寶蓋	天殺	帝輦	龍墀	炎烈	金枝	寶殿	天罡	九運
乾六宮			兌七宮			坤二宮			離九宮			
亥	乾	戌	辛	酉	庚	申	坤	未	丁	午	丙	24山
直符	華蓋	劫煞(殺)	玉印	寶蓋	天殺	帝輦	龍墀	炎烈	金枝	寶殿	天罡	一運
金箱	鳳閣	天吊	鑾駕	帝座	八武	玉葉	龍樓	地劫(剎)	直符	華蓋	劫煞(殺)	二運
帝輦	龍墀	炎烈	金枝	寶殿	天罡	功曹	將軍	鬼劫	金箱	鳳閣	天吊	三運
金枝	寶殿	天罡	功曹	將軍	鬼劫	金箱	鳳閣	天吊	鑾駕	帝座	八武	四運
玉葉	龍樓	地劫(剎)	直符	華蓋	劫煞(殺)	玉印	寶蓋	天殺	帝輦	龍墀	炎烈	六運
鑾駕	帝座	八武	玉葉	龍樓	地劫(剎)	直符	華蓋	劫煞(殺)	玉印	寶蓋	天殺	七運
玉印	寶蓋	天殺	帝輦	龍墀	炎烈	金枝	寶殿	天罡	功曹	將軍	鬼劫	八運
功曹	將軍	鬼劫	金箱	鳳閣	天吊	鑾駕	帝座	八武	玉葉	龍樓	地劫(剎)	九運

四九、赤連碧紫，聰明亦刻薄之萌。

【解】1.赤，指七赤兌金。碧，指三碧震木。紫，指九紫離火。

2.三九同宮，木火通明，主出聰明之子。若失令，而會七赤金，則出刻薄之子。

五十、五黃飛到三叉，尚嫌多事。

【解】1.本段指出，山向飛星，下卦均吉，但若流年紫白五黃到氣口或三叉水口，該年還會是多事之秋。

2.五運五黃到山到向，主吉。

五一、太歲推來向首，尤屬堪驚。

【解】1.承氣雖吉，太歲到向猶恐損人。

2.太歲可坐不可向，失運時，太歲到向首之方，尤應注意，恐疾病損人或破財。

五二、豈無騎線，遊魂鬼神入室。

【解】1.本段言騎線與遊魂之害。

2.騎線指兩宮交界處，又稱出卦，如巳丙，丁未等騎線之向也。遊魂指八宮卦之遊魂卦。

若向首之星下卦時，得遊魂卦者，而向星又失令失運，則鬼神晝見。堂中黑暗，午后或見鬼神，人不敢居，乃卦氣使然耳。

3.八宮卦如下：

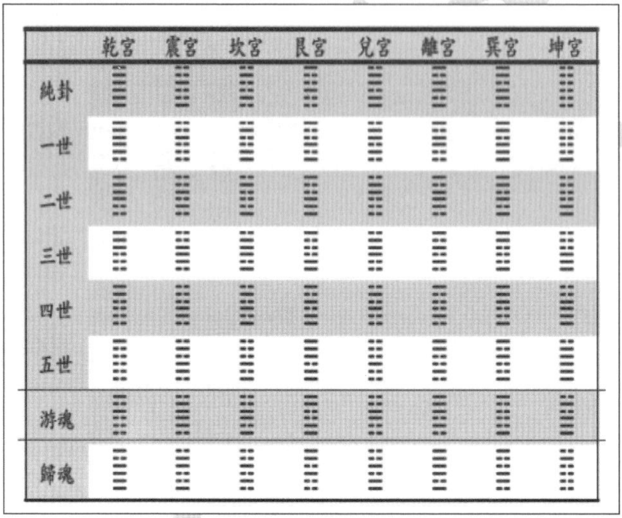

	乾宮	震宮	坎宮	艮宮	兌宮	離宮	巽宮	坤宮
純卦	☰6 ☰6 天	☳3 ☳3 雷	☵1 ☵1 水	☶8 ☶8 山	☱7 ☱7 澤	☲9 ☲9 火	☴4 ☴4 風	☷2 ☷2 地
游魂	☲9 ☷2 晉	☱7 ☴4 大過	☷2 ☲9 明夷	☴4 ☱7 中孚	☳3 ☶8 小過	☰6 ☵1 訟	☶8 ☳3 頤	☵1 ☰6 需

五三、更有空縫合卦、夢寐牽情。

【解】1.本段言空縫合卦之害。

2.空縫合卦乃一卦三山陰陽之交界處，如丙午、辰巽等是也。見此則人常用心於無用之地，夢寐縈（圍繞）。若用騎線之向，較空縫之向，夢寐牽情尤甚。

3.在四正卦，天元龍與地元龍之交界處（空縫），為火坑位。天元龍與人元龍交界處，係同陰同陽，為合卦。

4.在四隅卦，天元龍與地元龍之交界處（空縫），為陰陽駁雜。天元龍與人元龍之交界處，也是火坑位。

五四、寄食依人，原卦情之戀養，拋家背父，見星性之貪生。

【解】1.原註：「承上騎線空縫而言、如九運亥壬，門向申庚，宅向外卦承乾氣，亥九喜生壬五，五為戀養。養者，養之也，內承兌氣，庚七喜受坤二之生，即為貪生。金水之養，申庚貪土金之生。生者，生我也。

如是者主寄食依人，拋家而去也。壬亥門向，又為空縫合卦。」

2.原註及後人之註存參，筆者認為都屬牽強，既然作為一篇文章之結尾，便需綜合歸納文章之要義，無需再談旁支之枝節，況且本段並沒有看到「騎線空縫」的文字。

3.玄空挨星的應用與推論，包括兩個方向，其一為推論「方位」的吉凶，其二為推論「時間」的影響。前者就是本段所要強調的重點（方位吉凶的補救），後者就是下一句的重點（玄空法與紫白訣的應用）。

4.挨星下卦主吉凶之基本條件，若下卦為吉，故足以興發，若下卦為不吉，為求趨吉避凶，則氣口城門之生助最為重要，這就是寄食依人，貪生求助，為必然之理，解決向首之不利，寄情於巒頭形勢之改善，及氣口城門之遷就（拋家背父），利用玄空法，以助吉去凶，這就是救濟生計之道也。

五五、總之助吉助凶，年星推測，還看應先應後，歲運經營。

【解】1.原註：流年九星入中宮，弔動運盤，足以助吉、亦足以助凶。吉凶先後不一，年星與運星之推測，自知先後之應，故曰歲運經營。

2.本段結語，天盤運星主二十年之運，紫白歲星主一年之運，此兩者合看，正可以觀察宅運興發起伏之現象，這也是玄空紫白訣之要義，值得用心鑽研。

肆、紫白賦

劉信雄　註釋

前言

紫白就是九星，這是大家都知道的事，它出自八卦，以先天為體後天為用，八卦加上中宮，合計為九，各賦一星，是為運法之要，三元九運每運各有一星主運，是為天心之一卦，因此卦即是星，星即是卦，並以河圖洛書的易數代表之。紫白賦應該是在闡釋紫白九星主運之原理及應用，目前原文已不可考，而後人畫蛇添足其中，因而演繹出各種理論，所以紫白賦就不完全談紫白，而變成運法大全了，因此賦文中可見許多與主題不完全相符的現象出現，筆者不才，謹依易理原則，闡釋文中大意，若有出入便以存參為註，謹供諸賢達參考指教。

紫白賦　上篇

一、紫白飛宮，辨生旺退煞之用。三元分運，判盛衰興廢之時。

【註】1.本段首揭紫白飛星的兩大功用，其一為辨明八宮各宮位之生、旺、退、煞；其二為判斷三元九運二十四山之盛、衰、興、廢的情形。

2.紫白飛星即洛書九星，也就是一白貪狼星（卦象為坎水）、二黑巨門星（卦象坤土）、三碧祿存星（卦象震木）、四綠文曲星（卦象巽木）、五黃廉貞星（中宮太極無卦）、六白武曲星（卦象乾金）、七赤破軍星（卦象兌金）、八白左輔星（卦象艮土）、九紫右弼星（卦象離火）。

3.飛宮者：即以當運天心之一卦入中宮，再依排山掌訣飛布其餘八宮，各宮位得一運星。

4.九宮原宮位為地盤（元旦盤），當元令星入中，飛佈八宮是為天盤，八宮各得當運之運星，各宮運星有兩個功能，其一為區辨該宮位之生旺退煞，其二為判斷各宮位一卦三山之陰陽，藉以知悉該宮位三山得氣之盛衰與興廢。

5.九星各有五行，飛臨各宮位之運星，與中宮當運之星比和者謂之旺，受中宮之星所生者謂之生，生中宮之星者謂之退，受中宮之星所尅者謂之煞，尅中宮之星者謂之死。惟玄空地理對此看法存而不論。

6.玄空之法，認為各宮位運星，主掌該宮位在該大運期間，一卦三山之陰陽，**凡運星為陽者**，其一卦三山，順排「陽陰陰」；**運星為陰者**，其一卦三山，順排「陰陽陽」。若要知道二十四山各山是否興盛或衰廢，則以該宮位運星入中宮，依各山之陰陽順逆飛佈，各山為陽者順飛，各山為陰者逆飛。飛臨各山之星，若與當運令星（天心之一卦）相同時謂之得令，或謂之旺，為來運之星者謂之生，為過運之星者謂之退，退久者謂之衰，衰久者謂之死。

【釋】紫白飛星是運法之大用，九星飛佈八宮，可藉以辨明各宮位之生旺退煞，也可以在三元九運中，判別二十四山之盛衰興廢。

二、生旺宜興，運未來而仍替。退煞當廢，運方交而尚榮。總以運氣為權衡，而吉凶隨之變化。

【釋】二十四山若值生旺之時，宜乘勢興發，若旺運未到，宜保守伺機而作，若逢煞運或衰退之運，則不宜躁進。大運交替之際，雖然旺運過時，但餘氣尚在，仍可一時顯榮。總之，一切吉凶禍福，均依時運來氣之生旺衰退而定。

三、然以圖之運論體，書之運論用，此法之常也。有時圖可以參書，書可以參圖者，此又其變也。

【釋】河圖與洛書，兩者同時揭示時運的「體」「用」關係，一般常理上，河圖為體，洛書為用，但兩者宜互相參酌。

四、今攷河圖之運，以五子分運，則甲丙戊庚壬，乃配水火木金土之序，而五行之運，秩然不紊。

【註】紫白賦所揭示的運法，立基於兩種概念，其一是河圖之運，其二是洛書之運。由於基本立論不同，因此演生各家的運法，也就不一樣。本段先說明河圖之運。

【釋】河圖之運，係以五子分運，河圖所提示的主要內容，是以一生一成之數來呈現五行的本質，亦即一六水、二七火、三八木、四九金、五十土，來說明易數與五行的關係，而運法主要是關心時運演變對人的影響，因此六十甲子以地支為主，配天干輪替而秩序井然，因此甲子十二年配河圖之數為水，丙子十二年配火數，戊子十二年配木數，庚子十二年配金數，壬子十二年配土數，五子分運共計六十年，為一運，這即是河圖五行之運，秩序井然而不紊。

五、凡屋之層與間是水數者，喜金水之運。係木數者，嫌金火之運。其火金土數，可以類推。

【註】層與間的概念古今不同，「層」原本是指房子的院落，「間」是指每個院落有幾個房舍，因古今建築概念不同，現今「層」有人認定為大樓的樓層（與玄空之理不盡然合），而「間」可以不論，因每一樓層的每個房間各自獨立門戶，各戶受氣不同，談各樓層有多少間，沒有意義。

【釋】凡樓層是**一樓或六樓屬水者**，喜金運（庚子十二年）及水運（甲子十二年），而忌土運（壬子十二年，土剋水）；**二樓及七樓屬火者**，喜火運（丙子十二年，比和為旺）及木運（戊子十二年，木生火），而忌水運（甲子十二年，水剋火），也忌土運（壬子十二年，土洩火氣）；**三樓**

及八樓屬木者，喜木運（戊子十二年，比和為旺）而忌金運（庚子十二年，金尅木）及火運（丙子十二年，火洩木氣）；其他四樓及九樓屬金，五樓及十樓屬土者，可以同樣的方法推論。至於十樓以上之樓層，取個位數值而論，十一樓十六樓屬水，十二樓十七樓屬火，十三樓十八樓屬木，十四樓十九樓屬金，十五樓二十樓屬土，其餘樓層類推之。

六、生運發丁而漸榮，旺運發祿而驟富。退運必零退而嗣。煞運必橫禍而官災。死運損丁，吉凶常半。此以圖論，應如桴鼓。

【釋】屋宅之五行，遇五子運來生，則發丁而顯榮；屋宅與五子運比和者為旺，發貴也發財；屋宅五行生五子運者為退運，主貧窮；五子運來尅屋，則生不測之禍；屋宅來尅五子運者為死（有志難伸）；故吉凶互見。以上係指河圖之運。

七、九星遇此，喜懼亦同，木星金運，宅逢賊盜之凶。火曜木元，人沐恩榮之喜。書可參圖，亦如是矣。

【註】洛書之運強調九星之用，三元九運每一運均由一主星主事，九星者，一白貪狼星，五行為水，卦象為坎；二黑巨門星，五行為土，卦象為坤；三碧祿存星，五行為木，卦象為震；四綠文曲星，五行為木，卦象為巽；五黃廉貞星，五行為土，為中宮有數無卦；六白武曲星，五行為金，卦象為乾；七赤破軍星，五行為金，卦象為兌；八白為左輔星，五行為土，卦象為艮；九紫右弼星，五行屬火，卦象為離。

【釋】本文強調九星與河圖五行時運可以參斟使用，如屋宅屬六白七赤之星，因屋宅屬金，若遇丙子火運，金受火尅，故易逢盜劫之災；如屋宅屬九紫離火，遇戊子木運，因木能生火，故住宅之人，便能享恩榮之喜慶，這是以洛書之運來參斟河圖之運。

但玄空運法，強調九星交易變易之現象，九星之吉凶，以得令者為吉，失令者為凶，故玄空運法不以五子五行論吉凶，上文存參便可。

八、又攷洛書之運，上元一白，中元四綠，下元七赤，各管六十年，謂之大運。一元之內，又分三元，循序而推，各管二十年，若九星論臨一週，謂之小運。

【釋】洛書之運即三元九運，上元一白統領一、二、三運；中元四綠統領四、五、六運；下元七赤統領七、八、九運，各管六十年，是謂之大運。而每一大運之內又分為三元，每元各管二十年，是謂之小運。

九、提此三運為主，更宜專論其局，八山上元甲子、甲戌二十年，得一白方龍穴，一白方砂水，一白方居住，名元龍主運，發福非常。

【釋】玄空運法以三元九運論時運，九運分別由九星輪流統領，各星各主領二十年，挨星挨得當元令星者，謂之得令或得運。至於形局方面，係指龍、山、向、水而言，意即指陰宅之坐山、立向、來龍、與氣口，陽宅則只論立向與氣口，不論來龍與坐山。

二十四山挨星，若在上元一白貪狼星主運時（甲子甲戌二十年），龍山向水均挨得令星到山到向到水口時，謂之元龍主運，發福非常。

十、至甲申甲午二十年，得二黑方龍穴，二黑方砂水，二黑方居住，福亦如之，舉此一元，而三元可知矣。

【釋】本段說明二運巨門星主運時（甲申甲午二十年），龍山向水挨星挨得二黑巨門星者，同樣是發福非常。舉此二例說明，其他各運亦如是推論。

十一、然二者不可得兼，或當一白司令，而震巽受元運之生。四綠乘權，而震巽合元運之旺。此方之人，亦有慶也。

【註】本段在說明二十四山挨星，無法挨得當令主星時，挨得其他星曜的各山，其衰旺情形以五行生尅的結果來說明，如一白星當令，挨得震巽木為生，因為一白水生三震四巽木。四綠星當運主令，則三震木四巽木亦為旺。

上述的說明，與玄空風水之觀念不合，因一白主令時，三震四巽運離一白時間太久，難以稱之為生，反而二黑在時間上為一白的下一運，來者為生比較合理。而四巽木當權主令時，三震木己成過時之氣，時過為衰，應該屬衰氣。

【釋】當一白星司令時，挨星挨得二黑坤者為生，挨得三震木四巽木者，因為其五行（木）為一白水所生，亦可平順，惟時隔太遠，難以曰生；而四巽木司令時，四巽本為旺，而三震木為衰。

十二、且先天之坎，在後天之兌。後天之坎，在先天之坤。則上元之坤兌，未可言衰。先天之巽，在後天之坤。後天之巽，在先天之兌。則中元之坤兌，亦可言旺。先天之兌在後天之巽。後天之兌，在先天之坎。則下元之巽坎，不得云替。此八卦之先後天運，固可言論也。

【註】本段在強調先後天八卦的體用關係，因此認為一白坎當令時，因坎卦在先天的坤宮，在後天的兌宮，因此認為一白當令時七兌二坤都不可謂失運；殊不知先天卦在說明八卦的本體性質，它只表示卦象間的關係，它

沒有方位，而後天卦重在氣的流行，它有方位，兩者互為表裡不宜混談。

【釋】本段存參即可。

十三、如一白司上元，而六白同旺。四綠居中元，而九紫同興。七赤居下元，而二黑並茂。即圖一六共宗，四九為友，三八為朋，二七同道之意。圖可參書，不信然乎。

【註】河圖數一六共宗水，二七同道火，三八為朋木，四九作友金，五十中央土，此為河圖五行，顯示先天之五行，一生一成，為易理之體。

【釋】基於河圖五行一生一成之道理，故上元一白星主令時，六白星同旺；上元二黑星主令時，七赤星並茂；上元三碧星主令時，八白星同盛；中元四綠星主令時，九紫星亦榮。

十四、或局未得運，而局之生旺財方，有六事得宜者，發福亦同。水為上，山次之，高樓鐘鼓殿塔亭台之屬，又其次也。

【註】局之六事，指宅外環境之佈局，首重水，其次是山，再其次是亭臺樓閣等。

【釋】陰陽宅之龍山向水，若不能挨得當運令星到山到向，但如果形勢有情，水口（氣口）得令星之助，則有助益之功，其次為坐山，再其次為高樓、鐘鼓、殿塔、亭台之類，有情則催福，形勢凶惡則引禍。

十五、再論其山，有山之六事，如門路井灶之類。次論其層，層有層之六事，或行大運，或行小運，俱可言其榮福。否則將六事佈置，合山與層及其間數，生旺則關煞俱避，若河洛二運未交，僅可言其小康也。

【註】高樓、殿塔、亭臺皆作山論，門路氣口皆作水論。山層間之六事係指內六事，如門路井灶等。

【釋】山的六事及水的六事，均以能挨得令星為吉，廚房灶台之位置、則以向星盤能挨得一白、三碧、四綠、八白方為宜。若房舍坐向不吉者，則依城門訣另開旺門，使之通氣以資補救，亦可得小康。

十六、至若干支納音之生煞，有統臨專臨之異，而每太歲入中宮，並詳生旺，管山星宿之穿宮，有逆飛順飛之例，而每歲禽星入中宮，同參生剋。八門加臨非一，九星之吊替多方。

【註】本段是以下各段之總提，玄空法原本不重視納甲，也不重視納音，而禽星之法，也僅被視為可以並行借用同參之法而已。

【釋】本段以下談干支納音之法，所談統臨專臨者，非玄空之法，存參即可。

十七、何謂統臨，即三元六甲也，六甲雖同，三元之泊宮則異，乘宮之支干納音亦異。如下元一白坎，於本宮起甲子，逆數至中宮，得己巳，木音也。中元四綠巽，於本宮起甲子，逆數至中宮，得壬申，金音也。下元七赤兌，於本宮起甲子，逆數至中宮，得丙寅，火音也，每十年一易，此其異也。如上元一白起甲子十年，已巳在中宮，甲戌十年，戊寅在中宮。中元四綠甲子十年，壬申在中宮。甲戌十年，辛巳在中宮。下元七赤起甲子十年，丙寅在中宮。甲戌十年，乙亥在中宮。每年先以中宮納音，復以所泊宮星，與八山論生剋，此所謂統臨之名也。

【註】所謂統臨係指三元六甲而言，即甲子、甲戌、甲申、甲午、甲辰、甲寅。三元六甲，共計有六十年，十年變易一次，即甲子統十年、甲戌統十年、甲申統十年、甲午統十年、甲辰統十年、甲寅統十年。在六甲分別統運期間，中宮所泊之干支不同，其納音也不同，則將各宮位之干支納音五行與中宮干支納音五行論生尅者，謂之統臨。

【釋】如上元甲子年泊在一白宮、乙丑年泊在九紫宮、丙寅年泊在八白宮、丁卯年泊在七赤宮、戊辰年泊在六白宮、己巳年泊在五黃中宮、庚午年泊在四綠宮、辛未年泊在三碧宮、壬申年泊二黑宮、癸酉年泊一白宮，如此按年流轉，六十年後之甲子年又回到一白坎宮。則本例上元甲子之中宮為己巳，其納音五行為木。

中元甲子六十年，甲子泊巽宮；下元六十年，甲子泊兌宮。洛書是九年一週，六甲是十年一週，所以上中下三元每年之干支雖然相同，但所泊之宮不同，其中宮干支納音五行與八山干支納音五行論生尅，謂之統臨。

十八、何謂專臨，即六甲旬飛到八山之干支也。三元各以本宮所泊，隨宮逆數。數至本山，得何干支，入宮順飛，以輪八山。生旺則吉。退煞則凶。又當與本宮原坐星合論，或為生見生，或為生見殺，或為旺見生，或為旺見退，禍福霄壤，一一參詳，此所謂專臨之名也。

【釋】六甲旬即甲子旬、甲戌旬、甲申旬、甲午旬、甲辰旬、甲寅旬，每甲十年（日），如上元甲子旬，甲子在坎、乙丑在離、丙寅在艮、丁卯在兌、戊辰在乾、己巳在中宮、庚午在巽、辛未在震、壬申在坤、癸酉在坎。三元各宮位所泊之干支，每元都不相同。

首先將陰宅坐山（陽宅向首）宮位所泊之干支，逆排八宮，看何干支到山（向），然後再以到山之干支，再次順排八宮，看與山向干支之納音生尅如何，中宮生山（陽宅指向首，陰宅指坐山）者吉，尅山者凶，此謂之專臨。（此非玄空之法，故存參。）

十九、統臨專臨皆善，吉莫大焉。統臨不善而專臨善，不失為吉。統臨善而專臨不善，不免為凶，然凶猶未甚也。至於統臨專臨皆不善，斯凶禍之來莫可救矣。

【釋】此段總結統臨與專臨之關係，而強調專臨重於統臨。

二十、至於流年干支，亦入中宮順飛，以考八山生旺，如其年不得九星之吉，而得歲音之生旺，修動亦獲吉徵。

【釋】至於流年干支，也可以同樣的方法，將流年干支入中宮，順飛八宮，看看飛到陰陽宅向首或坐山之宮位，是否得九星之吉，而干支納音得中宮流年干支納音之生旺者，當年修動亦無不吉。

二一、禽星穿宮當應先明二十四山入中宮之星，以坐山所值之星為禽星。入中宮順佈，以論生剋。但山以辰戌分界，定其陰陽。自乾至辰為陽山，陽順佈。自巽至戌為陰山，陰逆輪。星生宮，動用與分房吉。星剋宮者，動用與分房凶。

【註】1.禽星穿宮之法非玄空法，玄空法有星宿法（明師盤線、收山出煞），與禽星穿宮同參二八星宿而有可參考之處。

2.禽星，形勢派是指水口砂的一種，理氣派則指二十八星宿而言，因古今歲差之故，使用此法之堪輿師已不多見。

3.二十四山所屬之禽星如下頁附表所示。

4.二十四山之陰陽如下：乾、亥、壬、子、癸、丑、艮、寅、甲、卯、乙，辰諸山為陽。巽、巳、丙、午、丁、未、坤、申、庚、酉、辛、戌諸山為陰。**陽山順排**日、月、火、水、木、金、土七宿，周而復始；**陰山逆排**日、月、火、水、木、金、土七宿，周而復始。

【釋】陰宅以坐山禽星（陽宅以向首禽星），以其所值之禽星入中宮，陽山順飛、陰山逆輪，飛佈八宮，如果飛臨坐山（或向首）宮位時，中宮禽星生宮位之星者為吉，動用或分房皆吉。如果中宮禽星尅坐山（向首）宮位者，動用或分房都不吉。

禽星穿宮，則當先明二十四山入中宮之星。

甲 心月 尾火，**卯** 房日，**乙** 氐土，
辰 亢金，**巽** 角木，**巳** 軫水，
丙 張月 翼火，**午** 星日，**丁** 柳土，
未 鬼金，**坤** 井木，**申** 參水，
庚 畢月 觜火，**酉** 昴日，**辛** 胃土，
戌 婁金，**乾** 奎木，**亥** 壁水，
壬 危月 室火，**子** 虛日，**癸** 女土，
丑 牛金，**艮** 斗木，**寅** 箕水。

二二、其流年之禽星，則以值年星入宮飛方。陽年順行。陰年逆行。而修造之休咎，於可考。

【註】陽年是指六十甲子中，地支是子、寅、辰、午、申、戌之年；陰年是指地支為丑、卯、巳、未、酉、亥之年。

【釋】流年禽星是指本年所值之禽星，其起例以日、月、火、水、木、金、土七宿之序，陰陽順逆排去，周而復始，排到坐山（向首），即知本年之**值年星宿**為何。

再以虛、鬼、箕、畢、氐、奎、翼七宿，陰陽順逆排去，周而復始，即知本山**管事之星宿**為何。凡日禽星（太陽）值年，則為虛宿管事；月禽星（太陰）值年，則為鬼宿管事；火禽值年，箕宿管事；水禽值年，畢宿管事；木禽值年，氐宿管事；金禽值年，奎宿管事；土禽值年，翼宿管事。再依管事禽星判斷修造之休咎。一般而言，箕宿、畢宿為吉，氐宿、虛宿、奎宿、鬼宿、翼宿為凶。

二三、八門加臨者，乾山起艮，坎山起震，艮則加巽，震則從離，巽從震，離從乾，坤從坤，兌從兌，以起休門，順行八宮。分房安床，獨取開休生為三吉。

【註】八門即奇門也，與九宮同出一原。休、生、傷、杜、景、死、驚、開為八門。休隸屬坎（水），生隸屬艮（土），傷隸屬震（木），杜隸屬巽（木），景隸屬離（火），死隸屬坤（土），驚隸屬兌（金），開隸屬乾（金）。坎休乾開，即九宮之一六共宗；艮生震傷即九宮之三八為朋，巽杜離景即九宮之四九作友；坤死兌驚即九宮之二七同道，艮坤亦為生死門，而休（合坎一）、開（合乾六）、生（合乾八），為三吉，合九宮之一六八白星，與九宮之用法相同。

【釋】八門加臨者，將八門順行加於八山也。

1. 乾山起艮：乾山自艮宮，順行起休生傷杜景死驚開。
2. 坎山起震：坎山自震宮，順行起休生傷杜景死驚開。

3.艮則加巽：艮山自巽宮，順行起休生傷杜景死驚開。
4.震則從離：震山自離宮，順行起休生傷杜景死驚開。
5.巽從震：巽山從震宮，順行起休生傷杜景死驚開。
6.離從乾：離山從乾宮，順行起休生傷杜景死驚開。
7.坤從坤：坤山從坤宮，順行起休生傷杜景死驚開。
8.兌從兌：兌山從兌宮，順行起休生傷杜景死驚開。
9.以上順行八宮時，獨取休、生、開為三吉，可分房安床。

二四、又有三元起法，上元甲子起乾，順行四維，乾艮巽坤，週而復始。中元甲子起坎，順行四正，坎震離兌。下元甲子起艮，順行四維，艮巽坤乾。

【釋】1.三元起休之方法如下：
2.上元甲子年乾上起休；乙丑年艮上起休；丙寅年巽上起休；丁卯年坤上起休；戊辰年再由乾上起休；丁巳年艮上起休；丙午年巽上起休；

丁未年坤上起休；……順行四維（乾、艮、巽、坤），周而復始。

3.每年排八門，仍兼用八方，如甲子年乾上起休，坎生、艮傷、震杜、巽景、離死、坤驚、兌開。乙丑年艮上起休、震生、巽傷、離杜、……順行八宮，周而復始。

4.**中元甲子年坎上起休**；乙丑年震上起休；丙寅年離上起休；丁卯年兌上起休；戊辰年坎上起休；……順行四正（坎、震、離、兌），周而復始。每年排八門，輪法照上元，仍兼用八方。

5.**下元甲子年艮上起休**；乙丑年巽上起休；丙寅年坤上起休；丁卯年乾上起休；……順行四維（艮、巽、坤、乾），周而復始。每年排八門，輪法照上元，仍兼用八方。

二五、論流年係何宮起休門，亦論其山之陰陽順逆佈之。如寅甲為陽，陽主順，乙卯為陰，陰主逆。但取門生宮，宮門比和為吉，宮剋門次之，宮生門則凶，門剋宮則大凶。

【釋】流年八宮布八門如上節所述，而二十四山之吉凶，要先看該山之陰陽，如震宮甲卯乙三山，甲山為陽，卯乙二山為陰，陽山順行布八門，陰山逆行布八門，而以該山宮位五行，與八門的五行生剋論吉凶，以門生宮為得生氣，門與宮比和得旺氣，宮剋門為死氣，宮生門為洩氣，門剋宮為殺氣為大凶。

二六、九星弔替者，如三元九星入中宮飛佈，俱謂之弔，而年替年，月替月，層則替方，門則替間之屬，皆以名之。

【註】1.九星係指三元九星而言，即貪狼、巨門、祿存、文曲、廉貞、武曲、破軍、左輔、右弼諸星。

2.弔替：三元九星輪值入中飛布八宮，謂之弔。每年甲子之地支入中宮，飛布八宮謂之替。玄空法只用弔，不用替。

3.天盤與地盤：後天卦不易之易謂之地盤。三元九運，每運當令之星入中宮，順飛分布八宮，所得之盤謂之天盤，各宮位挨得之星，謂之運星。

4.地盤一卦三山之陰陽，固定不變，此謂不易之陰陽。而天盤一卦三山，視其運星之性質，運星為陽者（一坎、三震、七兌、九離）順排「陽陰陰」；運星屬陰者（二坤、四巽、六乾、八艮）順排「陰陽陽」，此謂變易之陰陽（雌雄）。

5.二十四山變易之陰陽（雌雄），再入中宮飛布八宮，陽者順飛，陰者逆飛。飛到坐山者謂之山星，飛到向首者，謂之向星。

【釋】

1.玄空挨星法，挨得當元當令之令星到山者謂之令星到山，挨得當令之令星到向者，謂之令星到向，均謂之得運，為吉，反之為不得令或為上山下海。

2.玄空挨星法，以向星、山星、運星、天盤、地盤間之相互關係來綜合判斷吉凶。

3.玄空法另有紫白飛星法之用，年有年紫白，月有月紫白，日有日紫白，時有時紫白，用以判斷時間與方位之關係，在陰陽宅修造時宜特別注意。

二七、如上元甲子年，一白入中宮，輪至子上，乃歲支係六白。即以六白入中宮，飛佈八方，視其生剋，而支上復得二黑，是年替年也。又如子年三月，六白入中宮輪至辰上，三月之月建，係五黃，即以五黃入中宮，輪至辰上，乃是四祿，此月替月也。如二層屋，下元辛亥年，五黃入中宮，六白到乾，以六白入中宮，輪佈八方，以論生剋，是層替方也。又如二層屋，二黑居中，而開離門，則六白為門星。下元辛亥年，五黃入中宮，輪九紫到門，剋原坐六白金星矣。復以九紫入中宮，輪數八方，而六白到坤，及第七間，是門替間也。此河圖之妙用，循生迭起，運合災祥，無不可以預決矣。

【註】本段在說明六十甲子，地支年替年、月替月、層替方、門替間等方法，一般認為這是後人所增之偽訣，玄空法只用弔，而無需要用替。

紫白賦　下篇

一、四一同宮，準發科名之顯。七九穿途，常遭回祿之災。二五交加而損主，亦且重病。三七會臨而盜竊，更見官刑。蓋一白為官星之慶，主宰文章。四綠為文昌之祥，職司祿位。還宮復位固佳，交互相逢亦美。是故三九，九六，六三，豈惟乾離震攀龍有慶。而二五八之間，亦可蜚聲。

【註】1.四綠文曲星，主宰文章科名；一白貪狼星，主宰官職起落之應，亦作魁星；四一同宮，得運則發貴，失運則主淫蕩，或出風流之文人。

2.七赤破軍星，為先天火數，九紫右弼星，為後天火星；七九同到一個宮位，則主火災之禍。

3.二黑巨門星，為病符星，五行為土，五黃廉貞星，先天為土後天為火，二五交加，則主大病之災，甚至死亡之禍。

4.所謂同宮、穿途、交加、疊至，都是指二星同時飛臨到同一個宮位而言，只是用不同的形容詞來說明二星相會而已。

5.判斷吉凶，需要注意三個條件，(1)同時要考慮向星、山星、天盤運星，以及地盤星曜。(2)所臨宮位之得運或失運，得運則昌，失運則反致凶災。(3)所到宮位形勢之有情或無情，零神宮位有水則發，正神宮位有水則敗。

6.二星相會固然會形成凶險之應，但加會第三顆星時，又可能有不同的結果，例如：六白可化二黑之害（六白先天乾，二黑先天坤）；三碧震可化四綠巽之險；八白艮土可救五黃土之凶。是故，二五交加為凶，但二五八之位，亦可蜚聲。

【釋】1.四一同宮，主發科名官貴；七九同宮，易遭致火災；三七同宮，易惹盜竊之禍。

2.「三九，九六，六三，豈惟乾離震攀龍有慶」之解如下：

(1)三運時，三碧入中宮，則四綠到乾宮，遇年紫白九紫離入中宮，則一白到乾宮，故三運九紫之年，四一在「乾宮」會合，則有科甲之慶。

(2)九運時，運星四綠文曲星在離宮，若遇年紫白六乾入中宮，則一白貪狼星到離宮，是則一四在「離宮」同宮，亦可發文貴。

(3)六運時，四綠文曲星到震宮，若遇三碧祿存星入中宮，則一白貪狼星到震宮，故六運時三碧祿存星入中，則「震宮」四一同宮，可發文貴。

(4)同理，二運時，年紫白為五黃之年，五黃入中宮，在巽宮為四一同宮，坐山（陰宅）或向首（陽宅）在巽宮者，亦可發文貴。

二、一七，七四，四一，豈但坤艮中附鳳為祥，而四七一之房，均堪振羽。

【釋】1.當一白入中宮時，四綠在艮而七赤在坤宮；當四綠在中宮時，七赤在艮而一白在坤宮；當七赤在中宮時，一白在艮而四綠在坤宮；

2.由上可知，當天盤中宮運星是一、四、七時，艮宮與坤宮也分別是一白、四綠、七赤，因此如果運星遇上紫白歲星分別組成一七、七四、四一時，艮宮與坤宮也分別為一白、四綠、七赤，艮坤兩個宮位是八門之生死門，所以大運運星、年紫白、宅局遇上一四七星之組合，艮坤兩宮均可破生死門而顯榮華。

三、八二，二五，五八，固在兌巽坎，登榮足賀。而三六九之屋，俱是榮顯。

【釋】1.八運時八白入中，四綠在坎宮一白在兌宮，若遇年紫白二黑入中，四綠在兌宮一白在巽宮；因此是年坎宮、巽宮及兌宮登榮足賀。

2.二運時二黑入中，四綠在兌宮一白在巽宮，若遇年紫白五黃入中，一白在坎宮，四綠在巽宮；是年坎宮、兌宮及巽宮，均登榮足賀。

3.五運時，五黃入中，若遇八白年紫白星，則同樣地兌宮，巽宮、坎宮同顯榮耀。

4.同樣地，大運運星及年紫白星合成八二，二五，五八之年，在震宮（三）、乾宮（六）、離宮（九）之宅，也會有六白吉星之高照，同樣顯現榮華。

四、遇退煞可無嫌，逢生旺而益利，非獨運宅局可以參觀，抑且年與運尤須並論。運氣相逢分大小，歲月加會辨三元。

【釋】本段有肆個重點；

1.年、運、局應同參並重，這是玄空紫白訣的精神，運指天運之星盤（運星），年指紫白之年星，局指龍山向水之向星與山星，以及參合環境形勢等而言。

2.遇退煞之星可不必嫌棄，逢生旺之星將更加有利。這裡是指一卦三山各有陰陽，如上述一四七、二五八、三六九之會局，各相關宮位中，一卦三山並非全部都得令，其中陽山失令，陰山得令，得令之山當然順應而發，而失令之山，因原宮位之運星有旁星之助，所以不必嫌棄。

3.運氣相逢分大小：運氣之分大小者，係指三元九運分上中下三元，這是大運。而上元一白統一運、二運、三運；中元四綠統四運、五運、六運；下元七赤統七運、八運、九運，這是指小運，所以一白四綠七赤之運氣統領六十年為大，而其他各運之運星統領二十年為小。

4.紫白飛星也有三元之分，同樣是甲子年，三元之甲子年的年紫白飛星，都不相同，上元甲子在一坎，中元甲子年之飛星在四綠，下元甲子年之飛星在七赤，六十甲子之年紫白星，隨元運而更動。

五、但住宅以局方為主，層間以圖運為君。故坤局兌流，左輔運臨，而科名獨盛。艮山庚水，巨門運至，而甲第流芳。下元癸卯，坎局之中宮發科。歲在壬寅，兌宅之六門入泮。故白衣求官，秀士請舉，推之有其法。而下僚求陞，廢官思起，作之亦異其方。

【註】1.本段恐係後人所加，因賦文走筆至此，忽然轉而以河圖之運來論陽宅層間之吉凶，上下文不連貫。

2.陽宅以局方為主，玄空法之局重在向星，坊間方家重在坐山，以坐北朝南者為坎宅，與玄空法不合，無法比較。

3.本段所指之「坤局」「坎局」「兌局」「局」原應是指形勢方局，但將與時運不合，難成吉象；若把「局」當成時運，則可以配成一四、四六之吉象，但若再配所指之流水方向，才能成佳作，所以本段應是後人所填。（以下以運代局，以年紫白代運，尚可一解）

4.「坤局兌流，左輔運臨，而科名獨盛」：二運時，二黑巨門星入中宮，四綠文曲星飛到兌宮，若年紫白是八白左輔星，八白入中，則一白貪狼星到兌宮，此時一四會於兌宮，文曲星指文貴，貪狼星指官貴，而二運時七兌宮可以有水，有水則貴，故科名獨盛。

5.「艮山庚水，巨門運至，而甲第流芳」：二運時，坐艮向坤，四綠文曲星到兌宮，而兌宮庚山有水，故甲第流芳。

6.「下元癸卯，坎局之中宮發科」：下元癸卯年，紫白為四綠。而地盤坎宮為一白，有利坎宅發科甲之慶。

7.「歲在壬寅，兌宅之六門入泮」：入泮是入學之意，古時稱學宮為泮宮，孩童初入學為生員稱入泮，本句在為孩童啟蒙教育取個好的開頭，別無他意。上元壬寅年紫白星為八白，坎宮挨得四綠文曲星；中元壬寅年，紫白星為二黑，兌宮挨得四綠文曲星；下元壬寅年紫白星為五黃，巽宮挨得四綠文曲星。故兌宮之宅，在中元壬寅年，適合為兒童開啟啟蒙教育。

六、夫煞旺須求身旺，或造塔堆山，龍極旺宮加意。

【註】1.身旺係指宅屋在當元令星到山到向之意，若向星得當元令星者為旺，向星是當元令星之來運者為生，是當元令星之前一運者為衰，衰久者為死，所以宅屋是生旺者，才足以抗煞。

2.為加強宅屋之旺氣，則在山星飛到之處有山，或建塔堆山也可以幫助身旺；或在向星所到之處有水，或建水溏，均有助身旺。

七、然而制煞不如化煞，或鐘樓鼓角，局山生旺施工。

【註】1.於山星之生旺方，建塔高樓；於向星之生旺方，開溏掘池，此謂之化煞。

2.於水之休囚方（不該有水而有水之處）填土造塔，或於山之休囚處（不該有山而有山之處）開土挖平，是謂之制煞。

3.制煞不如化煞，化煞足以旺身避禍，制煞就不一定。

八、若夫七赤為先天之火數，九紫為後天之火星，旺宮單遇，動始為殃，煞處重逢，靜亦肆虐。或為廉貞疊至，或為都天再臨，須分動靜，赤紫廉火維鈞。

【釋】1.七赤河圖數為先天火數，九紫離為後天火星，運星為九紫七赤之宮位，若翻動操作，可致火為災。

2.若七赤九離會合於失令之宮位，就是沒有翻動，也會不得安定，若再會五黃廉貞火，或會都天力士，則更會導致火災之機會。

九、是故乾亥方之水路，宜通不宜閉，通而閉之，登時作祟；右弼方之井池，可鑿不可填，鑿者填之，隨手生殃。

【釋】1.乾宮上元為零神，有水為佳，故乾方水宜開通，不宜閉塞，閉塞隨時會立災殃。

2.九紫右弼星地盤在離宮，九離宮上元也是零神宮位，有水為佳，所以可以開鑿井池，不可填之，填之立即致災。

十、廟宇刷紅，在一白煞方，尚主瘟火。樓台聳閣，當七赤旺地，豈免災凶。建鐘樓於煞地，不特元旱常遭。造高塔於火宮，須知生旺難拘。但逢二星七九同到，必然萬室齊灰。

【釋】1.水本來可以尅火，但運星一白飛臨之宮位中，其中失令之山，若其廟宇粉刷紅瓦赤壁，尚且難免有火災之險。若運星為七赤火旺之宮位，閣樓高台，則火災難免。

2.火宮係指離宮，離宮三山中，失令之山為煞地，在煞地建高塔鐘樓，都難免常遭亢旱，如果七九兩星同臨其中，那導致火災的機會更大。

十一、巽方庚子造高閣，坎艮二局盡燬，坤局之界無侵。巳上丙午興傑閣，巽中離兑皆燒，艮在遠方可免。知此明徵，可以避禍。

【釋】

1. 本段舉中元二個例子。

其一說明坎艮二宮招致火災，而坤宮則否的道理。其二舉巽宮建高樓，而離宮及兌宮皆火災，艮宮則免於火災之理由。知其所以然，故可避禍。

2.中元（庚子年）紫白星四綠入中宮（辛山乙向為失令），飛布八宮之圖解如下：

中元四運辛山乙向起星圖

巽宮 5 1 三	離宮 1 6 八	坤宮 3 8 一
震宮（乙向） 4 9 二	坐山 立向 6 2 四	兌宮（辛山） 8 4 六
艮宮 9 5 七	坎宮 2 7 九	乾宮 7 3 五

1. 坎宮運星九為火星，山向飛27火數。
2. 艮宮運星七火數，山星9為火星，向星5廉貞星。
3. 坤宮運星為一白水，山星3，向星8，38先天為木，水生木，故無妨。

3.中元巽方起高樓（庚山甲向為失令），離宮及兌宮皆燒，而艮宮可免災殃，圖解如下：

中元五黃入中宮，庚山甲向起星圖

巽宮 6　2 四	離宮 2　7 九	坤宮 4　9 二
震宮(甲向) 5　1 三	坐山　立向 7　3 五	兌宮(庚山) 9　5 七
艮宮 1　6 八	坎宮 3　8 一	乾宮 8　4 六

1. 中元庚山甲向之陽宅，在巽宮起高樓。
2. 離宮運星九紫火，向星7及山星2，皆為火數，故易致火災。
3. 兌宮運星七火數，山星9紫火，會向星5廉貞星火，同樣易犯火災。
4. 艮宮運星為八白，山星1白，向星6白，168皆為吉星，故可免

十二、五黃正煞，不拘臨方到間，常損人口。二黑病符，無論小運流年，年生疾病。五主孕婦受災，黃遇黑時出寡婦。二主宅母多病患，黑遇黃至出鰥夫。運如已退，廉貞逢處災非一，總以避之為良。運若未交，巨門交會病方深，必然遷之始吉。

【註】本段說明五黃為煞星，二黑為病符星，二五交加，為重災煞，避之為宜。而二黑卦象為坤，於人為老母，故不利年長之婦女。

【釋】五黃為正煞星，不論到方到向，常損人口。二黑為病符星，不論是小運

或流年遇之，住此陽宅之人常生疾病，五黃會二黑容易出寡婦，二黑會五黃容易出鰥夫。如果旺運已退，而逢五黃廉貞星，則災害不斷，如果未交旺運，而二黑巨門星將來，則遷徙避居為宜。

十三、夫蚩尤碧色，好勇鬥狠之神。破軍赤名，肅殺劍鋒之象。是以交劍煞興多劫掠。鬥牛煞起惹官刑。七逢三到生財，豈識財多被盜。三遇七臨生病，那知病癒遭官。

【釋】三碧蚩尤星是鬥牛煞，是好勇鬥狠之神。七赤破軍星，是交劍煞，多犯強劫掠奪之患。七赤逢三碧，固然生財，但財多惹盜。三碧遇七赤，體弱多病，縱使病癒也多遭官非之災。

十四、運至何處穿心，然而煞星遇旺，終遭劫賊。身強不畏反伏吟，但因助神一去，遂罹官災。

【註】1.穿心煞，一指三七同宮為穿心煞；一指非五運時，五黃入中宮順飛，二十四山，山山皆穿心煞。

2.伏吟：向星或山星與地盤相同者為伏吟，若某年飛來之紫白星，能與主星（向星或山星）合成生成之數者，則該年紫白星能化解伏吟之害，但年紫白星一過，依然主人事紛爭、是非、官災、盜劫。

3.反吟：向星或山星與地盤合十對待時為反吟，其害如伏吟。

【釋】旺運到時，可不必憂慮穿心煞，但煞星臨門，縱使遇到旺運，最終也會遭遇刼賊偷盜之災。故當向星是生旺之時，也不必憂慮反吟伏吟之害，但助神一旦離去，馬上會遭逢官非之災。

十五、要知息刑弭盜，何須局外搜求。欲識癒病延年，全在星中討論。更言武曲青龍，喜逢左輔善曜。六八主武科發，不外韜略榮身。八六文士參軍，或則異途擢用。旺生一遇為亨，死退雙臨不利。

【註】此段暫不談形局之吉凶，專論九星之作用。武曲星指六白，青龍指左輔星八白。「旺生一遇」指六白及八白當生旺之時，六八同宮會合，而又遇一白來會，則萬事亨通。

【釋】要知道趨吉避凶之道，不只在形局上改善，光看九星之會合得令或失令，也可知一二。六白八白會合於一宮，**得令時指武貴發跡**，韜略榮身，或文人參軍，異途顯榮，**失令時**（死退運），六白八白會合於一宮，也是不能得利。

十六、九紫雖司喜氣，然六會九，而長房血症，七九之會尤凶。

【註】九紫右弼星，遇吉則吉，遇凶則凶。七赤破軍星，為凶星，有小人之狀，盜劫之情。

【釋】九紫雖然是吉星，遇六白來會，得令時有耆耄之壽，而失令時，為火照天門，必當吐血（玄機賦）。而七九之會，七赤本為凶星，七赤來會，其凶更顯。

十七、四綠固號文昌，然八會四而小口損傷，三八之逢更惡。

【釋】四綠本就是文昌星，但八白會四綠，兩吉星相會，本是吉事，但若遇失令，八白艮卦屬土，四綠巽卦屬木，失令時巽木剋艮土，艮土受傷，小兒不利。若是三碧震木，會八白艮土，則更不利小兒。

十八、八逢紫曜，婚喜重來。

【釋】八白土會九紫火，得令時火土相生，則丁財兩貴，喜事連連；失令時，則火炎土燥，破敗官災，橫禍不斷。

十九、六遇艮星，可以尊榮不次。如遇會合之道，盡同一四之榮。

【釋】六白乾金，遇八白艮土，得令時土金相生，主富貴雙全。失令時反主破敗，玄機賦云：艮配純陽，鰥夫豈有發生之機兆（陽土難生陽金也）。其意義如同一四同宮也。

二十、若欲嗣續，惟取生神加紫白。至論帑藏，尤看旺氣與飛星。

【註】嗣續，子孫也。帑藏，財產也。玄空法，山主人丁，向主財祿。

【釋】若想人丁旺盛，則山星需要生旺；若相發財，則向星需求旺盛（令星到向），有水更佳。

二一、二黑飛乾，逢八白而財源大進，遇九紫而螽斯蟄蟄。

【註】螽斯蟄蟄，指子孫眾多。

【釋】本段指二運巳山亥向而言。二運巳山亥向，為旺山旺向如下圖。若年紫白星七赤入中宮，則八白到向（乾宮），則二黑土會八白土，二土比和，向主財，有水更佳，故主財源大進。山星為二黑土，若年紫白星一白入中宮，則九紫離火到巽宮，火生土，故「遇九紫而螽斯蟄蟄」。

二運巳山亥向挨星圖

巽宮(巳山) 2　4 一	離宮 6　8 六	坤宮 4　6 八
震宮 3　5 九	坐山　立向 1　3 二	兌宮 8　1 四
艮宮 7　9 五	坎宮 5　7 七	乾宮(亥向) 9　2 三

年紫白七赤入中宮飛星圖

巽宮 六	離宮 二	坤宮 四
震宮 五	年紫白 七	兌宮 九
艮宮 一	坎宮 三	乾宮 八

年紫白一白入中宮飛星圖

巽宮 九	離宮 五	坤宮 七
震宮 八	年紫白 一	兌宮 三
艮宮 四	坎宮 六	乾宮 二

二二、三碧臨庚，逢一白而丁口頻添，交二黑而青蚨闐闐。

【註】青蚨闐闐，係指錢財豐盛之意。

【釋】本段指三運之乙山向辛向而言。由圖可知三運時乙山辛向為旺山旺向。山星為三碧木，若遇流年三碧入中，年紫白一白坎星會於乙山，則一白水生三碧木，故而「丁口頻添」。此外，本例三運震宮之運星亦為一白，故而三運乙山旺丁可期。

向星為三碧木，若遇流年二黑入中，紫白四綠木會辛山，則為二木比和，故而「青蚨闐闐」。

三運之乙山辛向挨星圖

巽宮 2　6 二	離宮 6　1 七	坤宮 4　8 九
震宮(乙山) 3　7 一	坐山　立向 1　5 三	兌宮(辛向) 8　3 五
艮宮 7　2 六	坎宮 5　9 八	乾宮 9　4 四

年紫白二黑入中飛星圖

巽宮 一	離宮 六	坤宮 八
震宮 九	年紫白 二	兌宮 四
艮宮 五	坎宮 七	乾宮 三

二三、先旺丁，後旺財，於中可見。先旺財，後旺丁，於理易詳。

【釋】凡令星到山到向之情形，要判斷是先旺丁還是先旺財，就要看流年紫白星，年紫白入中飛佈八宮，若它飛到向，而能生旺向星者，則是先發財後旺丁；若是年紫白先旺山星者，表示會先添丁後發財。生，指五行相生，山星或向為主，飛臨之年紫白星為客，客生主為生；旺，指兩者五行比和。

二四、木間逢一白為生，八白同臨，而添丁不育。火曆遇木運得財，水局年來，而官災不免。

【釋】山星為三震木或四巽木者，逢一白坎水為生，但逢年八白土來會，則添丁夢碎，吉星受制也。而向星屬離火數者，遇三震木或四巽木運來助，為得財；但山星或向星為離火之宅，得年紫白星一坎水來會，因水剋火，故官災難免。

二五、但方曜宜配局配山，更配層星乃吉。門星必合山合層，尤合方位為佳。

【釋】方曜指飛到旁宮的星曜。玄空法不談層與間，玄空法注重城門氣口，若飛到城門氣口的星曜能與向星或山星配合者，為吉。

二六、方論方，原有星宮生剋之用，復配以山之生死，局之衰旺，層之退煞，而方曜之得失始彰。

【釋】本段有兩個重點，不論陰宅或陽宅之平基竪造，宜考量：（一）坐山立向及城門氣口等之生旺衰死；（二）飛臨九星之性質及其五行之生剋關係。一個是方位空間，另一項是時間變異。玄空之理，以生旺為吉，以衰死退煞為凶，九星輪值之道，以相生比和為旺為吉，以相剋為凶。

二七、就間論間，固有河洛配合之妙，再合以層之高低，山之父子，局之財官，而間星之制化聿彰。

【釋】玄空地理認為層間之說，並無效應，本段應是再次強調河圖洛書互為體用關係，玄空之理九星之用，不論地盤（元旦盤）、天盤（運星盤）、山星、向星，皆源自河圖洛書。此處所謂山之父子，係指山星主家族之衰旺。局之財官，係指向星主財官之得失。其間星曜會合之生尅，更顯得其重要，故地理以易理為基，背離易理皆非也。

二八、論方者以局，零神朝揖，門路合度，詳其內外維均，而富貴可許。

【釋】論形局者，注重零神有水朝前為要，陽宅門路視作水路，得時者為旺為吉，失時者為凶為衰。

二九、論間者以運年星疊至，星來生宮，徵其旺氣不失，而福祿永貞。如八卦乾位屬金，九星則八白為土，此號宮星之善。入三層，則木來剋土而少財。入兑局，則星來生宮而人興。更逢九紫入木土之元，斯為得運，而財丁並茂，兼主科名。

【釋】論九宮之吉凶者，以年紫白星飛臨至九宮時，如果星來生宮，表示宮之旺氣不失，福祿永貞。例如八卦乾位屬金，而年紫白之八白星來會，八白土生六乾金，這即是宮星之善；如果八白土來到三震宮，木尅土，則主少財；如果八白土來到七兌宮，為土生金，則是星來生宮，則指人口興旺；如果年紫白為九紫離火，來會木土之宮位，便是得運，主財丁兩旺，並主科名。

三十、如河圖四間屬金，洛書四綠屬木，此圖剋書局，入兌方，則文昌被剋而出孤。入坤局，則土埋金而出寡。若以一層入坎震之鄉，始為得氣，而科甲傳名，亦增丁口。

【釋】層間之說不可信，非玄空之道。四七同宮，得令則文昌，失令則出孤。四二同宮，得令則人文旺、資財廣進，失令則長女老母相剋，出欺姑之婦，家財漸退。四一同宮，得令，則增人口，科甲傳名，失令則流連花巷。

三一、局為體，山為用。山為體，運為用。體用一元，合天地之動靜。山為君，層為臣。層為君，間為臣。君臣合德，鬼神咸欽。

【釋】體用之理與玄空之理不合，玄空之理，以局為體，以運為用，山星與向星為用中之用。

三二、局雖交運，而關八方之六事，亦懼戊已廉貞相加。山雖逢元，而死退方之惡煞，猶恐災罹天罡加臨。

【釋】除五運外，五運挨星挨得五為得令，山向挨之均為吉，其他各運挨星，挨得五黃廉貞星，再犯戊己都天是年不利，若犯六煞星（罡刼吊煞）當位，可能會發生大不幸事。

三三、蓋吉原由星判，而隆替乃由運分。局運興，屋運敗，可從局論。山運敗，局運興，休以山憑。發明星運之用，迪啟後起之賢，神而明之，存乎其人矣。

【釋】玄空之理是以局為體，運為用，局看來氣之生旺衰死，九星看運之吉凶禍福，明白此理，可以為陸地神仙矣。

伍、挨星提要

劉信雄2023年12月

一、起星

（一）地卦八宮之陰陽（河圖數）

四正卦：地卦之1、3、7、9宮為陽，宮內三山順排陽陰陰。

四隅卦：地卦之2、4、6、8宮為陰，宮內三山順排陰陽陽。

（二）二十四山後天方位不易之陰陽

四正卦

地元龍：甲、庚、丙、壬（陽）。

天元龍：卯、酉、午、子（**陰**）。

人元龍：乙、辛、丁、癸（**陰**）。

四隅卦

地元龍：辰、戌、丑、未（**陰**）。

天元龍：巽、乾、艮、坤（陽）。

人元龍：巳、亥、寅、申（陽）。

二、交易：當運令星，入中宮順飛八宮為天盤，天盤各宮位之運星，主各宮位一卦三山變易之陰陽。交易時，宮位運星入中宮，陽山順飛，陰山逆飛，飛到向首之星為向星，飛到坐山之星為山星。

三、下卦

陽宅：以向星為主星。

陰宅：向首以向星為主星（主財祿）；坐山以山星為主星（主人丁）。

向首下卦：以向星為主為上卦，以飛來之山星為客為下卦。

坐山下卦：以山星為主為上卦，以飛來之向星為客為下卦。

五黃廉貞星：天盤及山向星盤挨五之位，氣通中宮。

吉凶：玄空法，主星生旺為吉，主星衰死為凶。紫白訣法，星際間之相生比和為吉，相尅為凶。

四、卦象之陰陽

檢視：下卦結果，上下卦之間，陰陽調和為吉、陰陽適配為吉、同陰同陽為凶。

陽：6乾☰、3震☳、1坎☵、8艮☶

陰：2坤☷、4巽☴、9離☲、7兌☱

五、五行：

生入：客星生主星，身旺更旺，避免過旺，身弱變旺則吉。

剋入：客星剋主星，身旺則吉，身弱則凶。

生出：主星生客星，身旺則吉，身弱則凶。

剋出：主星剋客星，身旺則吉，身弱則凶。

比和：主星比和客星，身旺更旺，身弱轉旺。

金：6乾☰、7兌☱

木：3震☳、4巽☴

水：1坎☵

火：9離☲

土：2坤☷、5中、8艮☶

六、闡釋：

依主星之生旺衰死判斷吉凶，為玄空法。依向星、山星、運星、紫白飛星之生剋關係判斷吉凶，為紫白訣法。以玄空法為體，以紫白訣法為用，判斷所影響的人、事、物、地、性情及發生的時間，為玄空紫白訣法。

八宮卦：八純卦為強、遊魂卦為凶。（參見第210頁）

七、大小玄空

小玄空：立太極於陽宅中央，依運星、向星、山星之關係推論，主家人之健旺。

大玄空：立太極於陽宅門口，除內局之吉凶外，參酌旁宮、正副城門、氣口之影響，主家運之興衰。

八、形勢巒頭

山水有情：山明水秀。有助吉之現象。

山水無情：破碎、沖煞。有助凶之現象，逢吉亦凶。

六煞星：當運二十四天星中，天罡、鬼劫、天吊、天殺、劫煞、地劫星之方位，以靜為吉，以動為凶。（參見第207頁）

九、年紫白、月紫白：以二十四節氣為準。（參見第70頁）

十、八卦與人體的對應關係

1. 先天卦：乾頭、兌口、離目、震足、巽股、坎耳、艮手、坤肚。

2. 先天卦為體，後天卦為用。

震巽：震木主三焦（上焦心、中焦胃、下焦膀胱）。巽木為肝膽。震先天為八數，巽先天為二數，二八相通，有一犯之，則有互引之可能。

兌艮：艮土主脾胃，先天六數，兌金主大腸、肺，先天數四。六四互通而互相引發。

坎離：離火主小腸及心，先天三數，坎水主膀胱及腎，先天數七。三七互引為病。

乾坤：坤土主肚脾胃，先天數一，乾金主頭肺，先天數九。一九互引為病。

十一、八卦生尅對應發生的時間

震巽木：生尅對應發生於寅卯年月。

乾兌金：生尅關係發生於申酉年月。

坤艮土：生尅關係發生於辰戌丑未年月。

離火：生尅關係發生於巳午年月。

坎水：生尅關係發生亥子年月。

十二、八卦生尅所對應的人與事

星數	卦象	卦名	方位	星名	五行	人物	代表	人體	人事
1	☵	坎	北	貪狼	水	中男	桃花星出外星	耳、腎、血	坎陷
2	☷	坤	西南	巨門	土	母親	病符星	脾、胃、肉、腹	柔順
3	☳	震	東	祿存	木	長男	官非星破財星	足、肝、頭髮、聲音	虛驚
4	☴	巽	東南	文曲	木	長女	文昌星	呼吸器官、風疾、股肱	不定
6	☰	乾	西北	武曲	金	父親	驛馬星武財星	首、肺、骨	果決
7	☱	兌	西	破軍	金	少女	破耗星殺星	口、舌、喉、肺、痰	口謗
8	☶	艮	東北	左輔	土	少男	財帛星	四肢、鼻、背	靜止
9	☲	離	南	右弼	火	中女	喜慶星桃花星	心、目、上焦	文書

十三、九運(2024至2043年)二十四山正向挨星圖(兼向替卦不用)

下元九運(2024-2043年)各山之卦象 (起星下卦)

八宮	乾宮		兌宮		艮宮		離宮		坎宮		坤宮		震宮		巽宮	
元旦盤	六		七		八		九		一		二		三		四	
九運運星	一		二		三		四		五(九替)		六		七		八	
24山	戌	乾亥	庚	酉辛	丑	艮寅	丙	午丁	壬	子癸	未	坤申	甲	卯乙	辰	巽巳
交易之陰陽	陽	陰	陰	陽	陽	陰	陰	陽	陽	陰	陰	陽	陽	陰	陰	陽
向星	2	9	9	4	6	9	9	8	1	9	9	3	5(7)	9	9	7
山星到向	7	9	9	5(7)	3	9	9	1	8	9	9	6	4	9	9	2
生旺衰死	死	旺	旺	死	死	旺	旺	衰	生	旺	旺	死	衰	旺	旺	衰
各山卦象	䷒	䷝	䷝	䷼	䷘	䷝	䷝	䷃	䷦	䷝	䷝	䷡	䷛	䷝	䷝	䷬
卦名	臨	離	離	中孚	无妄	離	離	蒙	蹇	離	離	大壯	大過	離	離	萃

九運 戌山 辰向 **(巽宮)**

巽(辰向) 9 9 八	5 4 四	7 2 六
8 1 七	坐山 向首 1 8 九	3 6 二
4 5 三	6 3 五	乾(戌山) 2 7 一

九運 壬山 丙向 **(離宮)**

4 5 八	離(丙向) 9 9 四	2 7 六
3 6 七	坐山 向首 5 4 九	7 2 二
8 1 三	坎(壬山) 1 8 五	6 3 一

九運 乾亥山 巽巳向

巽(巽巳向) 2 7 八	6 3 四	4 5 六
3 6 七	坐山 向首 1 8 九	8 1 二
7 2 三	5 4 五	乾(乾亥山) 9 9 一

九運 子癸山 午丁向

6 3 八	離(午丁向) 1 8 四	8 1 六
7 2 七	坐山 向首 5 4 九	3 6 二
2 7 三	坎(子癸山) 9 9 五	4 5 一

- <u>午山及丁山</u>：挨星得八艮左輔星，九運時屬退運之星。卦象為山水蒙卦(8䷃1)，為數八一，不合，五行土尅水，兄弟不睦，妯娌不合，家業漸退，少丁，生理上易患腎胃肚之病。艮命卦及坎命卦者易得之。

- <u>巽山與巳山</u>：挨星得七兌破軍星，星運已過時，漸衰。挨得卦象為澤地萃卦(7䷬2)，二七同道，坤土生兌金，老母生么女，失運時，出人比較無能，多產女兒，得男比較困難，因兩女相生成群也。坤卦生出，腸胃及子宮卵巢較差。坤命卦女生尤然。

九運 未山 丑向 **(艮宮)**

7 2 八	2 7 四	坤(未山) **9** 9 六
8 1 七	坐山 向首 6 3 九	4 5 二
艮(丑向) 3 **6** 三	1 8 五	5 4 一

九運 坤申山 艮寅向

5 4 八	1 8 四	坤(坤申山) **3** 6 六
4 5 七	坐山 向首 6 3 九	8 1 二
艮(艮寅向) 9 **9** 三	2 7 五	7 2 一

九運 庚山 甲向 **(震宮)**

3 6 八	7 2 四	5 4 六
震(甲向) 4 **5** 七	坐山 向首 2 7 九	兌(庚山) **9** 9 二
8 1 三	6 3 五	1 8 一

九運 酉辛山 卯乙向

1 8 八	6 3 四	8 1 六
震(卯乙向) 9 **9** 七	坐山 向首 2 7 九	兌(酉辛山) **4** 5 二
5 4 三	7 2 五	3 6 一

- **甲山**：兌與巽盪成澤風大過(7☱☴4)卦，金剋木，七四為數不合。中長房受傷，易遭盜賊，事業不順，心理疾病，筋骨肝膽之症，刑妻或產難，刀傷風流，傷長婦。

- **丑山**：挨星得六乾武曲星，也是星運過時，沒有朝氣。卦象為天雷無妄卦(6☰☳3)，為數六三，不合，乾金尅震木，老父或剋長房長子，出人性急剛勇，偏極少情，有勇無謀，致多受怨謗，或官事牽連破財消災，腦部頭部肝膽等受病，長男受害，命卦為震木者尤應。

九運 辰山 戌向 **(乾宮)**

巽(辰山) **9** 9 八	4 5 四	2 7 六
1 8 七	坐山 向首 8 1 九	6 3 二
5 4 三	3 6 五	乾(戌向) 7 **2** 一

九運 丙山 壬向 **(坎宮)**

5 4 八	離(丙山) **9** 9 四	7 2 六
6 3 七	坐山 向首 4 5 九	2 7 二
1 8 三	坎(壬向) 8 **1** 五	3 6 一

九運 巽巳山 乾亥向

巽(巽巳山) **7** 2 八	3 6 四	5 4 六
6 3 七	坐山 向首 8 1 九	1 8 二
2 7 三	4 5 五	乾(乾亥向) 9 **9** 一

九運 午丁山 子癸向

3 6 八	離(午丁山) **8** 1 四	1 8 六
2 7 七	坐山 向首 4 5 九	6 3 二
7 2 三	坎(子癸向) 9 **9** 五	5 4 一

- 壬山：挨得一坎貪狼星，是來運之生，亦是生旺之運。卦象為水山蹇卦(1䷦8)，卦數一八，為數不合，但兩者均為白星，可平安度日，卦象均屬男丁，有利生育男丁。此外卦象水受土尅，不利中男，命卦為坎的人，容易招惹是非。

- 戌山：挨星得二坤巨門星，卦象是(2䷒7)地澤臨卦，土生金生出，為數二七同道，小女投入母懷，生成之象。但九運失令，女人主家，少男丁，自失主張，作惡作虐。(註：運法卦象，上卦為向星，下卦為坐星，上卦為主，下卦為賓)

九運 丑山 未向 **(坤宮)**

2 7 八	7 2 四	坤(未向) 9 9 六
1 8 七	坐山 向首 3 6 九	5 4 二
艮(丑山) 6 3 三	8 1 五	4 5 一

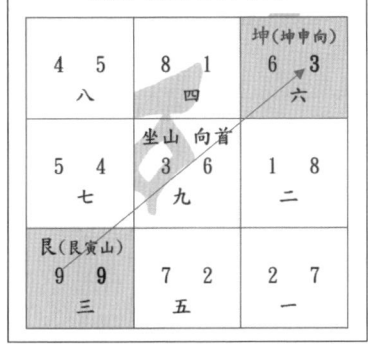

九運 甲山 庚向 **(兌宮)**

6 3 八	2 7 四	4 5 六
震(甲山) 5 4 七	坐山 向首 7 2 九	兌(庚向) 9 9 二
1 8 三	3 6 五	8 1 一

九運 艮寅山 坤申向

4 5 八	8 1 四	坤(坤申向) 6 3 六
5 4 七	坐山 向首 3 6 九	1 8 二
艮(艮寅山) 9 9 三	7 2 五	2 7 一

九運 卯乙山 酉辛向

8 1 八	3 6 四	1 8 六
震(卯乙山) 9 9 七	坐山 向首 7 2 九	兌(酉辛向) 5 4 二
4 5 三	2 7 五	6 3 一

- 酉山及辛山：巽與兌盪成(4☴☱7)風澤中孚卦，木受金剋。金利木弱，長房之婦難產，剋妻、或痰火氣喘，長女小女均易患筋骨、肺、肝膽、腎、血疾、癌症、刀傷，或閨幃不睦，長女受傷較重。

- 坤山及申山：挨星得三震祿存星，星運過時已久，暮氣沉沉。挨得卦象為雷天大壯卦(3☳☰6)，卦數三六不合，木受金尅。為交劍煞，震為長男、乾為老父，有父剋子之象；震為足，故容易出跛腳人，關節痛，或受刀傷、破財、官非、肝病，受刑傷、犯劫掠而失資財，不利長房，如長子出外鄉者無妨。

十四、三元九運二十四山正向挨星圖（兼向替卦不用）

上元一運(2044—2063年)各山之起星下卦

八宮	乾宮		兌宮		艮宮		離宮		坎宮		坤宮		震宮		巽宮	
元旦盤	六		七		八		九		一		二		三		四	
一運運星	二		三		四		五(一替)		六		七		八		九	
24山	戌	乾亥	庚	酉辛	丑	艮寅	丙	午丁	壬	子癸	未	坤申	甲	卯乙	辰	巽巳
交易之陰陽	陰	陽	陽	陰	陰	陽	陽	陰	陰	陽	陽	陰	陰	陽	陽	陰
向星	1	3	5(3)	1	1	7	9	1	1	2	4	1	1	6	8	1
山星到向	1	8	7	6	1	4	2	1	1	9	9	1	1	5(3)	3	1
生旺衰死	旺	衰	衰	旺	旺	衰	衰	旺	旺	生	死	旺	旺	死	衰	旺
各山卦象	䷜	䷽	䷵	䷄	䷜	䷛	䷢	䷜	䷜	䷣	䷼	䷜	䷜	䷘	䷚	䷜
卦名	坎	小過	歸妹	需	坎	大過	晉	坎	坎	明夷	中孚	坎	坎	无妄	頤	坎

註：一運貪狼星主運，後天卦象為坎☵卦，五行屬水。

上元二運(2064—2083年)各山之起星下卦

八宮	乾宮		兌宮		艮宮		離宮		坎宮		坤宮		震宮		巽宮	
元旦盤	六		七		八		九		一		二		三		四	
二運運星	三		四		五(二替)		六		七		八		九		一	
24山	戌	乾亥	庚	酉辛	丑	艮寅	丙	午丁	壬	子癸	未	坤申	甲	卯乙	辰	巽巳
交易之陰陽	陽	陰	陰	陽	陽	陰	陰	陽	陽	陰	陰	陽	陽	陰	陽	陰
向星	4	2	2	6	8	2	2	1	3	2	2	5(8)	7	2	9	2
山星到向	2	9	2	7	5(8)	2	2	3	1	2	2	8	6	2	2	4
生旺衰死	生	旺	旺	死	死	旺	旺	衰	生	旺	旺	衰	死	旺	衰	旺
各山卦象	䷓	䷣	䷁	䷉	䷳	䷁	䷁	䷂	䷧	䷁	䷁	䷳	䷪	䷁	䷢	䷭
卦名	觀	明夷	坤	履	山	坤	坤	屯	解	坤	坤	山	夬	坤	晉	升

註：二運巨門星主運，卦象為坤☷卦，五行屬土。

上元三運(2084至2103)各山之起星下卦

八宮	乾宮		兌宮		艮宮		離宮		坎宮		坤宮		震宮		巽宮	
元旦盤	六		七		八		九		一		二		三		四	
三運運星	四		五(三替)		六		七		八		九		一		二	
24山	戌	乾亥	庚	酉辛	丑	艮寅	丙	午丁	壬	子癸	未	坤申	甲	卯乙	辰	巽巳
交易之陰陽	陰	陽	陽	陰	陰	陽	陽	陰	陰	陽	陽	陰	陽	陰	陰	陽
向星	3	5(4)	7	3	3	9	2	3	3	4	6	3	8	3	3	1
山星到向	1	3	3	8	3	6	4	3	3	4	9	3	3	7	5(4)	1
生旺衰死	旺	衰	死	旺	旺	死	衰	旺	旺	生	死	旺	死	旺	旺	衰
各山卦象	䷧	䷩	䷐	䷽	䷲	䷍	䷭	䷲	䷲	䷓	䷌	䷲	䷚	䷵	䷟	䷜
卦名	解	益	隨	小過	震	大有	升	震	震	觀	同人	震	頤	歸妹	恒	坎

註：三運祿存星主運，卦象為震☳卦，五行屬木。

中元四運(2104至2123)各山之起星下卦

八宮	乾宮		兌宮		艮宮		離宮		坎宮		坤宮		震宮		巽宮	
元旦盤	六		七		八		九		一		二		三		四	
四運運星	五(四替)		六		七		八		九		一		二		三	
24山	戌	乾亥	庚	酉辛	丑	艮寅	丙	午丁	壬	子癸	未	坤申	甲	卯乙	辰	巽巳
交易之陰陽	陰	陽	陰	陽	陽	陰	陰	陽	陽	陰	陽	陰	陰	陽	陽	陰
向星	4	6	4	8	1	4	4	3	5(9)	4	7	4	4	9	2	4
山星到向	4	2	9	4	4	7	4	5(9)	3	4	4	1	8	4	6	4
生旺衰死	旺	生	旺	死	死	旺	旺	衰	衰	旺	死	旺	旺	死	衰	旺
各山卦象	䷸	䷋	䷤	䷑	䷯	䷼	䷸	䷶	䷔	䷸	䷛	䷺	䷴	䷱	䷊	䷸
卦名	巽	否	家人	蠱	井	中孚	巽	豐	噬嗑	巽	大過	渙	漸	鼎	泰	巽

註1：四運文曲星主運，卦象為巽☴卦，五行屬木。
註2：五運前十年歸四運。

中元五運(2124至2143)各山之生旺衰死

前十年(2124至2133)各山之生旺衰死歸四運
後十年(2134至2143)各山之生旺衰死歸六運

註：五運廉貞星主運，無卦，五行屬土。

中元六運(2144—2163年)各山之起星下卦

八宮	乾宮		兌宮		艮宮		離宮		坎宮		坤宮		震宮		巽宮	
元旦盤	六		七		八		九		一		二		三		四	
六運運星	七		八		九		一		二		三		四		五(六替)	
24山	戌	乾亥	庚	酉辛	丑	艮寅	丙	午丁	壬	子癸	未	坤申	甲	卯乙	辰	巽巳
交易之陰陽	陽	陰	陰	陽	陽	陰	陽	陰	陰	陽	陽	陰	陰	陽	陰	陽
向星	8	6	6	1	3	6	5(1)	6	6	7	9	6	6	2	6	3
山星到向	4	6	2	6	6	9	7	6	6	5(1)	6	3	1	6	6	8
生旺衰死	生	旺	旺	死	衰	旺	衰	旺	旺	生	死	旺	旺	死	旺	衰
各山卦象	䷑	䷀	䷋	䷄	䷡	䷌	䷻	䷀	䷀	䷮	䷍	䷘	䷅	䷊	䷀	䷽
卦名	蠱	乾	否	需	大壯	同人	節	乾	乾	困	大有	無妄	訟	泰	乾	小過

註1：六運武曲星主運，卦象為☰卦，五行屬金。
註2：五運後十年歸六運。

下元七運(2164—2183年)各山之起星下卦

八宮	乾宮		兌宮		艮宮		離宮		坎宮		坤宮		震宮		巽宮	
元旦盤	六		七		八		九		一		二		三		四	
七運運星	八		九		一		二		三		四		五(七替)		六	
24山	戌	乾亥	庚	酉辛	丑	艮寅	丙	午丁	壬	子癸	未	坤申	甲	卯乙	辰	巽巳
交易之陰陽	陰	陽	陽	陰	陽	陰	陰	陽	陽	陰	陰	陽	陽	陰	陰	陽
向星	7	9	2	7	2	7	7	6	8	7	7	1	3	7	7	5(6)
山星到向	5(6)	7	7	3	1	7	7	8	6	7	7	4	7	2	9	7
生旺衰死	旺	生	死	旺	死	旺旺	旺	衰	生	旺	旺	死	死	旺	旺	衰
各山卦象	䷪	䷥	䷒	䷐	䷆	䷹	䷹	䷠	䷙	䷹	䷹	䷯	䷵	䷬	䷰	䷉
卦名	夬	睽	臨	隨	師	兌	兌	遯	大畜	兌	兌	井	歸妹	萃	革	履

註：七運破軍星主運，卦象為兌☱卦，五行屬金。

下元八運(2184—2203年)各山之起星下卦

八宮	乾宮		兌宮		艮宮		離宮		坎宮		坤宮		震宮		巽宮	
元旦盤	六		七		八		九		一		二		三		四	
八運交易	九		一		二		三		四		五(八替)		六		七	
24山	戌	乾亥	庚	酉辛	丑	艮寅	丙	午丁	壬	子癸	未	坤申	甲	卯乙	辰	巽巳
交易之陰陽	陽	陰	陽	陰	陰	陽	陽	陰	陰	陽	陰	陽	陰	陽	陽	陰
向星	1	8	3	8	8	5(2)	7	8	8	9	8	2	8	4	6	8
山星到向	8	6	4	8	2	8	9	8	8	7	5(2)	8	8	3	1	8
生旺衰死	生	旺	死	旺	旺	衰	衰	旺	旺	生	旺	死	旺	死	衰	旺
各山卦象	䷦	䷙	䷟	䷳	䷖	䷎	䷰	䷳	䷳	䷥	䷖	䷎	䷳	䷩	䷅	䷳
卦名	蹇	大畜	恒	艮	剝	謙	革	艮	艮	睽	剝	謙	艮	益	訟	艮

註：九運右弼星主運，卦象為離卦，五行屬火。

下元九運(2204-2223年)各山之起星下卦

八宮	乾宮		兌宮		艮宮		離宮		坎宮		坤宮		震宮		巽宮	
元旦盤	六		七		八		九		一		二		三		四	
九運運星	一		二		三		四		五(九替)		六		七		八	
24山	戌	乾亥	庚	酉辛	丑	艮寅	丙	午丁	壬	子癸	未	坤申	甲	卯乙	辰	巽巳
交易之陰陽	陽	陰	陰	陽	陽	陰	陰	陽	陽	陰	陰	陽	陽	陰	陰	陽
向星	2	9	9	4	6	9	9	8	1	9	9	3	5(7)	9	9	7
山星到向	7	9	9	5(7)	3	9	9	1	8	9	9	6	4	9	9	2
生旺衰死	死	旺	旺	死	死	旺	旺	衰	生	旺	旺	死	衰	旺	旺	衰
各山卦象	䷒	䷝	䷝	䷼	䷘	䷝	䷝	䷃	䷦	䷝	䷝	䷡	䷛	䷝	䷝	䷬
卦名	臨	離	離	中孚	无妄	離	離	蒙	蹇	離	離	大壯	大過	離	離	萃

註：九運右弼星主運，後天卦象為離☲卦 ，五行屬火。

第三篇　玄空局法

劉信雄（若空）編著

第一節　引言

大家都知道「玄空大卦」就是指六十四卦，它是由兩個原卦所盪出來的成卦，它與河圖、洛書、先天八卦、後天八卦息息相關，在推演玄空大卦用法時，無不沿用上項四個基本理論為基礎，這些理念在運法部分已經闡釋，在此就不再贅述。

玄空大卦的排序與周易的排序不同，它是由先天八卦的每一個卦為一個宮位，每一個宮位的原卦為下卦，而其上卦分別依乾兌離震巽坎艮坤之順序，排盪而成，故而形成六十四卦，構成玄空大卦之基本形式。

玄空大卦用於局法上，有幾個特點：

一、玄空大卦的最上面的數字（易數）為「玄空五行」，也就是河圖五行，它所呈現的是該卦象易理的本體特質，它所代表的卦象也就是玄空大卦的上卦，因此上卦的陰陽特質就與河圖洛書的陰陽是一樣的。

一六水、二七火、三八木、四九金；一九合天地定位、二八合雷風相薄、三七合水火不相射、四六合山澤通氣；一七、二六、三九、四八合陰陽。

後天八卦圖

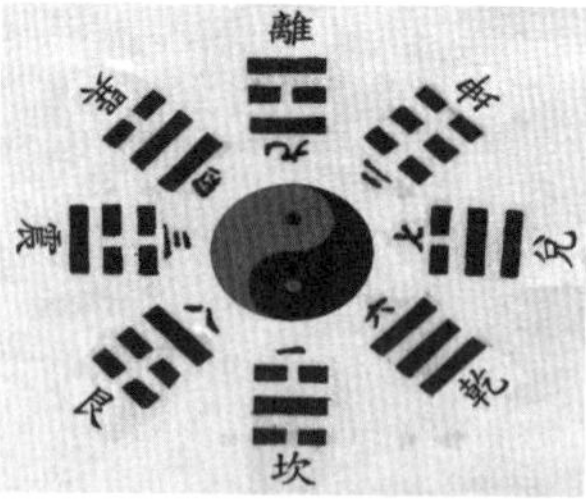
離
坎

先天八卦圖

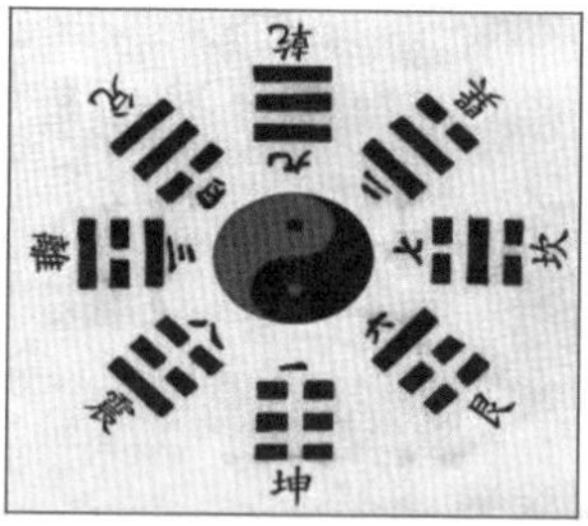
乾
坤

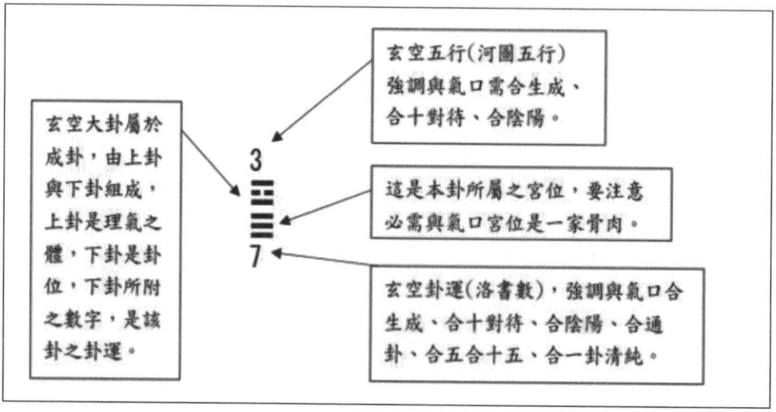
玄空大卦屬於成卦，由上卦與下卦組成，上卦是理氣之體，下卦是卦位，下卦所附之數字，是該卦之卦運。
玄空五行(河圖五行)強調與氣口需合生成、合十對待、合陰陽。
3
這是本卦所屬之宮位，要注意必需與氣口宮位是一家骨肉。
7
玄空卦運(洛書數)，強調與氣口合生成、合十對待、合陰陽、合通卦、合五合十五、合一卦清純。

二、玄空大卦的「下卦」為該卦所屬的宮位，所以配卦時，龍與山、向與水若所屬宮位合一生一成、合十對待、合陰陽對待者，都屬相容的一家骨肉；若不是相容的一家骨肉，如九乾宮與二巽宮、九乾宮與八震宮、一坤宮與八震宮、一坤宮與二巽宮、三離宮與四巽宮、三離宮六艮宮、六艮宮與七坎宮、六艮宮與三離宮，都非一家骨肉，卦氣不通。

三、玄空大卦最下面的數字（易數）為「玄空卦運」，代表該卦在三元九運中是歸屬某一運的卦。其原理是，如果我們將玄空大卦之內三爻及外三爻，地爻交

兩儀	四象	八宮	六十四卦								易數
陽儀 ⚊	老陽 ⚌	乾宮 ☰ 9	☰9 ☰1	☱4 ☰6	☲3 ☰7	☳8 ☰2	☴2 ☰8	☵7 ☰3	☶6 ☰4	☷1 ☰9	合十
		兌宮 ☱ 4	☰9 ☱6	☱4 ☱1	☲3 ☱2	☳8 ☱7	☴2 ☱3	☵7 ☱8	☶6 ☱9	☷1 ☱4	合5,15
	少陰 ⚍	離宮 ☲ 3	☰9 ☲7	☱4 ☲2	☲3 ☲1	☳8 ☲6	☴2 ☲4	☵7 ☲9	☶6 ☲8	☷1 ☲3	合通卦
		震宮 ☳ 8	☰9 ☳2	☱4 ☳7	☲3 ☳6	☳8 ☳1	☴2 ☳9	☵7 ☳4	☶6 ☳3	☷1 ☳8	異元死絕
陰儀 ⚋	少陽 ⚎	巽宮 ☴ 2	☰9 ☴8	☱4 ☴3	☲3 ☴4	☳8 ☴9	☴2 ☴1	☵7 ☴6	☶6 ☴7	☷1 ☴2	同元死絕
		坎宮 ☵ 7	☰9 ☵3	☱4 ☵8	☲3 ☵9	☳8 ☵4	☴2 ☵6	☵7 ☵1	☶6 ☵2	☷1 ☵7	合陰陽
	老陰 ⚏	艮宮 ☶ 6	☰9 ☶4	☱4 ☶9	☲3 ☶8	☳8 ☶3	☴2 ☶7	☵7 ☶2	☶6 ☶1	☷1 ☶6	合生成
		坤宮 ☷ 1	☰9 ☷9	☱4 ☷4	☲3 ☷3	☳8 ☷8	☴2 ☷2	☵7 ☷7	☶6 ☷6	☷1 ☷1	上下同元

地爻，人爻交人爻，天爻交天爻。則陰交陰變陰，陽交陽亦變陰；陰交陽或陽交陰，均變為陽。以此方法將六十四卦還原，則玄空大卦之各組，一運八個卦，將都通通變成坤卦。二運八個卦，均變為巽卦。三運八個卦，均變為離卦。四運八個卦，均變為兌卦。六運八個卦，均變為艮卦。七運八個卦，均變為坎卦。八運八個卦，均變為震卦。九運八個卦，均變為乾卦。故知一運卦歸藏於坤卦，二運卦歸藏於巽卦，三運卦歸藏於離卦，其餘各運均同此理，所以三元九運之玄空大卦各以先天八卦為體，以後天八卦之卦運為用。

四、「玄空卦運」的五行為洛書五行，也是方位五行，故東方三震四巽屬木，南方九離火，西方七兌六乾屬金，北方一坎屬水，五、十為中央屬土。

五、玄空大卦所呈現的「易數」，一樣都具有以先天卦為體及後天卦為用的特質，故一六、二七、三八、四九合生成之數，一生一成，合五為小成。一九、二八、三七、四六，合十對待之數，為大成。一、二、三、四、五為一組，六、七、八、九、十為一組，不論玄空卦運或玄空五行，當上元時，屬於一、二、三、四者為陽為正神，而六、七、八、九數則為陰為零神；下元反是。

六、玄空大卦的卦運，一九運卦為父母卦，其餘為子媳卦。一運卦為父卦，抽下卦之初爻、二爻、三爻，分別生出八、七、六運卦，為一運卦之真子媳，抽四五、四六、五六爻，生出四、三、二運卦，為一運卦之義子媳。九運卦為母卦，抽初、二、三爻，生出

三般卦	元運	星運(用卦)	河圖九	河圖四	河圖三	河圖八	河圖二	河圖七	河圖六	河圖一	歸藏(體卦)
父卦	一運	貪狼坎水	天	澤	火	雷	風	水	山	地	坤
江西卦	二運	巨門坤土	无妄	革	睽	大壯	觀	蹇	蒙	升	巽
	三運	祿存震木	訟	大過	晉	小過	中孚	需	頤	明夷	離
	四運	文曲巽木	遯	萃	鼎	解	家人	屯	大畜	臨	兌
江東卦	六運	武曲乾金	履	夬	噬嗑	豐	渙	井	剝	謙	艮
	七運	破軍兌金	同人	隨	大有	歸妹	漸	比	蠱	師	坎
	八運	左輔艮土	姤	困	旅	豫	小畜	節	賁	復	震
母卦	九運	右弼離火	否	咸	未濟	恒	益	即濟	損	泰	乾

二、三、四運卦，為九運卦之真子媳，抽四五、四六、五六爻，生出八、七、六運卦，為九運卦之義子媳。

七、張心言口訣（上）知，六十四卦分布八宮，每一宮玄空大卦的易數（玄空五行與玄空卦運）都有一個特點。例如：乾宮的八個卦，其五行與卦運之易數，每卦上下兩數合計都合十；兌宮八個卦的上下兩個數字合五或十五；離宮的八個卦，上下易數都合通卦；震宮的八個卦，上下易數和，都合異元的死絕；巽宮的八個卦，上下兩個易數和，都合同元的死絕；坎宮的八個卦，上下兩個易數都合陰陽；艮宮的八個卦，上下兩個易數，都合生成；坤宮的八個卦，上下兩個易數，都是同元。

八、坐山與立向之兩個玄空大卦，其卦運都相同，其玄空五行則合十對待。

張心言口訣（上）

九乾一	四兌一	三離一	八震一	二巽一	七坎一	六艮一	一坤一
一泰九	六損九	七既九	二益九	八恆九	三未九	四咸九	九否九
六畜四	一臨四	二家四	七屯四	三鼎四	八解四	九遯四	四萃四
四夬六	九履六	八豐六	三噬六	七井六	二渙六	一謙六	六剝六
八壯二	三睽二	四革二	九妄二	一升二	六蒙二	七蹇二	二觀二
二畜八	七節八	六賁八	一復八	九姤八	四困八	三旅八	八豫八
七需三	二中三	一夷三	六頤三	四過三	九訟三	八小三	三晉三
三有七	八妹七	九同七	四隨七	六蠱七	一師七	二漸七	七比七

註：1.直行為同運卦，第一直行為一運卦，第二直行為九運卦，以下均同。
2.橫列為各宮位的卦，第一橫列為乾宮卦，上下易數合十；第二橫列為兌宮卦，上下易數合五或十五；第三橫列為離宮卦，上下易數合通卦，其他各列如內文說明。

第二節　山情水意與坐山立向

「山」是指龍脈，許多人尋龍點穴，就是在探討龍脈的來去，在了解巒頭形勢條件之後，最後決定龍脈的結穴點，可見龍脈與結穴的關係多麼受人重視。但坐山與行龍結穴有何關係呢？若要使行龍帶來的吉氣能滙聚於墳塋，則龍脈的入首龍必需與坐山一氣相連，方能享受大地的吉氣。若行龍無法扶助坐山，則所點的穴也只是空穴。古人相信「山」管人丁，山旺則人丁旺，因為古時人丁是家庭的生產主力，現代環境不同，山旺應指家族旺，一樣很重要。

「水」是指水口或氣口，水主財，因此水口也很重要，有水斯有財，所以水口之吉氣必需與所立之向相連，引水之吉氣入穴，則可助其陽世之子孫發財。

水口或氣口是形勢上之城門，同樣的，入首龍之束氣處也是形勢上之城門，城門在旺方，時來運轉必走佳運，發達的機率必高；而水口吉氣入門，則家人身心康泰，一門吉祥，處事有方，成功有望，所以城門得旺運，以及城門來吉氣，才真正是「山有情，水有意」，也才是「運」「氣」相扶相成。

因此千萬要記得；坐山接來龍，立向接氣口（水口）。陰陽適配得宜，才是龍、山、向、水局法之要，故局法又稱形局之法，形勢與坐山立向，一定要適配，古之先師秘訣良多，所談格局都有特色，但那都是在一定環境條件下才有其功效，若無法與形勢巒頭配合，則只會是平凡的一撥土而已。

經云：「先定來山後定向，聯珠不相放。須知細覓五行蹤，富貴結金龍。五行若然翻值向，百年子孫旺」。又云：「都天大卦總陰陽，玩山觀水有主張。能知山情與水意，配合方可論陰陽」。

來龍、坐山、立向、水口四項為安排局法之基本要項，簡稱龍山向水，又稱四龍神，先依來龍定坐山，坐山定了，則立向便清楚，立向還需要配水口，大環境有大環境的水口，小明堂有小明堂的水口，都需要兼顧。

張心言口訣（下）：左濱到復，龍宜收坤，右濱到坤，復卦龍身，兩宮交

界，雜亂禍侵。右濱到豫，龍自觀生，左濱到觀，豫卦龍身，兩儀交界，差錯莫攖。

解一：如來龍由陰儀方向，隆勢而來到復卦，復卦在陽儀，那麼坐山定要坐陰儀界之坤卦為合法；如來龍由陽儀界之方向，隆勢而來到陰儀界之坤卦止，坐山要取陽儀界之復卦，為同一家骨肉，不可坐陰儀之坤卦。

解二：若是在同宮中之兩儀來看，以坤宮之陰陽兩儀為例，說明如下：

如來龍自坤䷁（一）、剝䷖（六）、比䷇（七）、觀䷓（二）、豫䷏（八）止者，宜坐觀䷓卦（二）之陰儀卦。

如自否䷋（九）、萃䷬（四）、晉䷢（三）、豫䷏（八）止於觀䷓（二）者，該坐豫䷏（八）之陽儀為合法。

九乾、四兌、三離、八震為陽，二巽、七坎、六艮、一坤為陰。自午之乾䷀卦左行，至復䷗卦為陽儀界，自午之姤䷫卦右行，到坤☷卦為陰儀界。

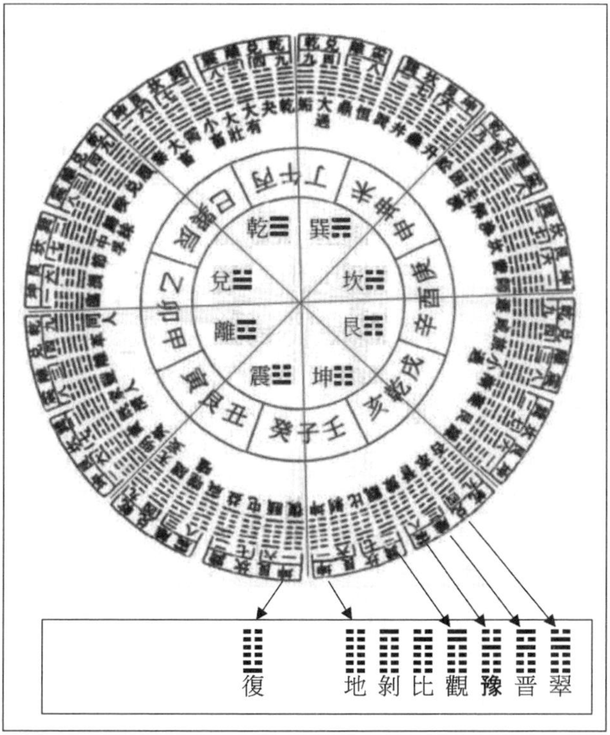

第三節　父母卦山水龍法（第一訣）

玄空大卦的配卦方法，本文謹列八則要訣，分列下面各節，首先談基本的方法。

一般山水龍法

要點：(1)首先要將龍山向水四路分歸二路，龍向一片，山水一片為二路。二路再歸一路，龍向用正神，山水用零神，使龍山及向水二路都是零正得宜，均合陰陽調和之一路，此為法之常。

(2)向生龍、水生坐山為生入；向尅龍、水尅坐山為尅入。生入尅入者吉，生出尅出者不吉。除了一氣清純格局可不論生尅關係外，一般格局都需注意生尅關係。

(3)父母卦山水龍法，即玄空五行合天地定位、山澤通氣、雷風相薄、水火不相射四大局。此全為一九運父母卦，故得力最厚。

以下談父母卦山水龍法，來說明一般格局的特色。

（一）天地定位格

龍山、向水合乎天地定位者，是為天地定位格局，如一運為例：

龍：子中之坤　一　䷁　一

山：乾中之否　九　䷋　九

向：巽中之泰　一　䷊　九

水：午中之乾　九　䷀　一

則龍山合十為一邊，向水合十為一邊。

經云：「天地定位，否泰反類」，如否泰反類者，則向為龍，三叉水口為坐山，來龍為向，坐山為水口，反山與水對，龍與向對者也。

上元時，龍向用上元正神、山水用上元零神，上下元零神正神不可亂。

龍與坐山，河圖數合十，星數合十。

向與水口，河圖數合十，星數合十。

龍與水，河圖數陰陽正對合十，星數相同。

山與水，河圖數比和同一，星數合十。

上元須上元龍、上元向，坐下元山、收下元水，此為收龍立向收水公式。

下元則收下元龍，向下元向，坐上元山，收上元水。

主角：乾為天䷀、天風姤䷫、天山遯䷠、天地否䷋、
天水訟䷅、天火同人䷌、天雷无妄䷘、天澤履䷉。

配角：坤為地䷁、地雷復䷗、地澤臨䷒、地天泰䷊、
地火明夷䷣、地水師䷆、地風升䷭、地山謙䷎。

（二）雷風相薄格

龍：丁中 雷風恒 八 ䷟ 九

山：未中 巽為風 二 ䷸ 一

向：丑中 震為雷 八 ䷲ 一

水：癸中 風雷益 二 ䷩ 九

龍與向，河圖數同卦，星數合十（下元）、合五（上元）。
龍與水，河圖數合十，星數同一。
山與向，河圖數合十，陰陽正對，星數同一。
山與水，河圖數同卦，星數合五或合十。
向與水，河圖數合十正對，星數合五或合十。
六七八九局比照一二三四之法配之，亦吉，不過另具一格。
總之，陰陽、零正要分明，東西二卦要清楚，神而明之，各善其用。
如風雷益䷩之局者，向首為龍，水為坐山，入首龍為向，坐山為水。
主角卦：震為雷䷲、雷地豫䷏、雷山小過䷽、雷水解䷧、
雷風恒䷟、雷天大壯䷡、雷澤歸妹䷵、雷火豐䷶。
配角卦：巽為風䷸、風天小畜䷈、風澤中孚䷼、風雷益䷩、
風火家人䷤、風地觀䷓、風山漸䷴、風水渙䷺。

(三) 水火不相射格

本法則以上元一運之局，與下元九運之局，以坐山為來龍，向上做水口而已，來龍做坐山，水口做向首，「一九」、「二八」、「三七」、「四六」互調，龍山、向水互換而已。

龍：庚中 坎為水 七 ䷜ 一
山：申中 火水未濟 三 ䷿ 九
向：寅中 水火既濟 七 ䷾ 九
水：甲中 離為火 三 ䷝ 一

龍與水，河圖數合十正對，星數相同。
龍與山，河圖數合十，星數合十。
龍與向，河圖數相同，星數合十。
山與水，河圖數相同，星數合十。
向與水，河圖數合十，星數合十。

如火水未濟䷿局者，向首為龍，水為坐山，入首龍為向，坐山為水。

主角：坎為水䷜、水風井䷯、水天需䷄、水澤節䷻、
水雷屯䷂、水地比䷇、水山蹇䷦、水火既濟䷾、

配角：離為火䷝、火地晉䷢、火雷噬嗑䷔、火山旅䷷、
火水未濟䷿、火風鼎䷱、火天大有䷍、火澤睽䷥。

(四) 山澤通氣格

龍與坐山河圖數合十，向與水河圖數合十，龍與水河圖數合十，山與向河圖數合十，龍山向水四位都由艮兌組成，上元一路，下元一路，山水一片，龍向一片，零正分明，陰陽配合。

龍：乾中艮為山 六 ䷳ 一
山：酉中澤山咸 四 ䷞ 九
向：卯中山澤損 六 ䷨ 九
水：巽中兌為澤 四 ䷹ 一

澤山咸䷞局者，向為龍，水為山，龍為向，坐山為水。

主角卦：艮為山䷳、山水蒙䷃、山風蠱䷑、山澤損䷨、山火賁䷕、山雷頤䷚、山地剝䷖、山天大畜䷙。

配角卦：兌為澤䷹、澤火革䷰、澤雷隨䷐、澤地萃䷬、澤山咸䷞、澤水困䷮、澤風大過䷛、澤天夬䷪。

第四節　三星五吉法（第二訣）

一、要點

1. 玄空大卦的上卦玄空五行得元，下卦玄空卦運得令，效果最佳，若無法得元或得令，但陰陽能適配時，仍然可用，效果稍差。
2. 玄空大卦的玄空五行，龍與山、向與水，合十、合生成、合陰陽者為合三數訣。
3. 玄空大卦的玄空卦運，龍與山、向與水，合十、合生成、合陰陽、合通卦、合五或十五者，為合五吉。玄空五行合三數訣，玄空卦運合五吉，稱為三星五吉，此為配卦的基本原則。

4. 玄空大卦之下卦為所屬宮位，龍山、向水，需合共路兩神之真夫婦真神路，屬一家骨肉間之卦氣才能流通。

5. 上元時，易數為一、二、三、四者為陽為正神，六、七、八、九者為陰為零神；下元時，易數為一、二、三、四者為陰為零神，六、七、八、九者為陽為正神。陰陽要適配，零正要分明。

來龍	8	8
坐山	3	3
立向	7	3
水口	2	8

1. 龍合向，向合水，水合三吉位。
2. 玄空五行合三數訣，玄空卦運合五吉。
3. 下卦合一家骨肉(向水都在乾宮，龍山都在坤宮)。
4. 龍向用下元正神(7,8)，山水用下元零神(2,3)。
5. 龍向玄空五行得元，玄空卦運兼貪輔。

第五節　一氣純清法（第三訣）

一氣純清者，是指龍山向水之玄空卦運都是同一星運，因此該星運當值時之力量最強。如一運一白貪狼星主運，在一運時力量最強，茲舉該局為例，說明一氣純清局之特色如下：

特色一：

天運一白時，貪狼星主運。如龍與向之上層玄空五行都能收到貪狼星卦內之正神（一二三四），屬江西卦內之一片；而山與水能收到貪狼星卦內之零神（九八七六），屬江東卦內之一片，且玄空卦運都是一，這便是貪狼星運之一氣純清。

經云：「本向本水四神奇，代代著緋衣」，又云：「依得四神為第一，官職無休歇」。若非一運之星運卦消水，名為借庫，經云：「自庫樂長春，借庫富還貧」，則時過便敗。

特色二：

一運貪狼星主運的八個卦為：

乾為天九䷀一、巽為風二䷸一、兌為澤四䷹一、坎為水七䷜一、艮為山六䷳一、離為火三䷝一、坤為地一䷁一、震為雷八䷲一。

這八個卦所組成的一氣純清局，龍與坐山、向與水口必合生成之數；龍與向、水與坐山，非合五則合十五；龍與水則必合十對待。

特色三：

凡一氣清純之局，龍與向在江西卦之一邊，則山與水必在江東卦之一邊。龍向山水四者，都在同一星運內，此名之為「四位一般」，是最上乘之法，這樣便無須去論生尅。其他星運一氣清純之八大局，其卦運也均需在同一星運內，便合「四位一般」，也都可不必論生尅。

以下再分別闡釋一氣清純八大局的不同格局，茲解析如下：

★（一）**貪狼星局：**子山子向子來水，富貴足千代。

格局：一白水貪狼星局，以先天坤卦為體，後天坎卦貪狼為令星主用，天卦與地卦交易變易後，立坎卦之龍，作坎卦之向，收坎卦之水（或峰）。

解一：就二十四山之起星下卦而言：一運貪狼星主運，天心一卦入中五之位，則二十四山中，壬、子、癸、坤、申、甲、巽、巳、戌、酉、辛、丑、午、丁諸山均得貪狼星生旺之氣，此為非盡貪狼亦與貪狼為一例。又後天八卦之九離宮、七兌宮、六乾宮為一運時，水之三吉宮位；因此九離宮之午丁、七兌宮之酉辛、六乾宮之戌山，為得零神之旺，宜為水之吉位。後天卦一坎宮、三震宮、四巽宮為山之三吉宮位。因此一坎宮之壬子癸、三震宮之甲、四巽宮之巽巳諸山，得正神之旺，宜為山之吉位。是故，龍山向水若均能得貪狼星一運之零神與正神氣，則富貴足千代矣。

解二：就得運之二十四山中，其玄空大卦有：

子中之坤　一　☷　一、

巽中之兌　四　☱　一、……以上二者可做為一運得生旺之正神位（龍、向）。

午中之乾　九　☰　一、

戌中之艮　六　☶　一、……以上二者可做為一運得生旺之零神位（山、水）。

因此，龍山向水峰若得以上零神與正神之生旺，則富貴必然矣。

解三：一運之主角卦有：

乾為天　九　☰　一、震為雷　八　☳　一、

坎為水　七　☵　一、艮為山　六　☶　一。以上四者為一運之零神位。

兌為澤　四　☱　一、離為火　三　☲　一、

巽為風　二　☴　一、坤為地　一　☷　一。以上四者為一運之正神位。

如龍山向水峰，能挨得貪狼星之卦運，且玄空五行合三星者，即合子山子向子來水。

★（二）巨門星局：坤山坤向坤水流，富貴永無休。

格局：二黑土巨門星局，以先天巽卦為體，後天坤卦巨門為令星主用。立坤卦之龍，作坤卦之向，收坤卦之水。

解一：就二十四山之得令失令而言：二運巨門星主運，天心一卦入中五之位，則二十四山中，未、卯、乙、巽、巳、乾、亥、庚、丑諸山均得左輔星生旺之氣，為二運之旺山旺向。

惟後天之二坤宮、三震宮、四巽宮為二運時山之三吉位；因此坤宮之未、震宮之卯乙、巽宮之巽巳，為得正神之旺，宜為山之吉位；而六乾宮、七兌宮、八艮宮為二運時水之三吉位，因此乾宮之乾亥、兌宮之庚、艮宮之丑，為得零神之旺，宜為水之吉位。

解二：就六十四卦之卦運而言：二運巨門星主運，其主角卦為：

天雷無妄 九 ䷘ 二、

雷天大壯 八 ䷡ 二、

水山蹇 七 ䷦ 二、

山水蒙　六䷃二、……以上四者可為二運之零神位。

澤火革　四䷰二、

火澤睽　三䷥二、

風地觀　二䷓二、

地風升　一䷭二，……以上四者可做為二運之正神位。

二運之龍山向水，能挨得巨門星之卦運，而成一氣純清者，亦合坤山坤向坤水流之局。

★（三）祿存星局：卯山卯向卯源水，富貴石崇比

格局：三碧木祿存星局，以先天離卦為體，後天震卦祿存為令星主用，立震卦之龍，作震卦之向，收震卦之水為本格局之特色。

解一：就二十四山之起星下卦而言：三運祿存星主運，天心一卦入中五之位，則二十四山中，壬、子、癸、坤、申、卯、乙、辰、酉、辛、丑、午、丁諸山均得右弼星生旺之氣。

惟後天之一坎宮、二坤宮、三震宮、為三運時山之三吉位，因此坎宮之壬子癸、坤宮之坤申、震宮之卯乙，為得正神之旺，宜為山之吉位。而七兌宮、八艮宮、九離宮為三運時水之三吉位。因此兌宮之酉辛、艮宮之丑、離宮之午丁，得零神之旺，宜為水之吉位。

解二：就六十四卦後天之星運而言：三運祿存星主運，其主角卦為：

天水訟　九　䷅　三、
雷山小過　八　䷽　三、
水天需　七　䷄　三、
山雷頤　六　䷚　三、……以上四者可做為三運之零神位。
澤風大過　四　䷛　三、
火地晉　三　䷢　三、
風澤中孚　二　䷼　三、
地火明夷　一　䷣　三，……以上四者可做為三運之正神位。

三運能挨得祿存星之運，亦合卯山卯向卯源水之局。

★（四）文曲星局：巽山巽向巽水流，富貴比陶朱

格局：四綠木文曲星局，以先天兌卦為體，後天巽卦文曲為令星主用。立巽卦之龍，作巽卦之向，收巽卦之水。

解一：就二十四山之起星下卦而言：四運文曲星主運，天心一卦入中五之位，則二十四山中，壬、子、癸、坤、申、巽、巳、戌、艮、寅、丙諸山均得文曲星生旺之氣。

惟後天八卦之一坎宮、二坤宮、四巽宮為四運時山之三吉位；因此坎宮之壬子癸、坤宮之坤申、巽宮之巽巳，為得正神之旺，宜為山之吉位；而六乾宮、八震宮、九離宮為四運時水之三吉位。乾宮之戌、艮宮之艮寅、離宮之丙，得零神之旺，宜為水之吉位。

解二：在得運之二十四山中，其玄空大卦中有：

癸中之屯七 ䷂ 四，申中之解八 ䷧ 四，為四運得生旺之零神（註：

巳中之大畜六 ䷙ 四為火坑位不取）；

因此，坐山與水口若得以上之零神，則得旺向之生氣。

解三：就六十四卦之卦運而言：四運文曲星主運，其主角卦有：

天山遯　九 ䷠ 四、
雷水解　八 ䷧ 四、
水雷屯　七 ䷂ 四、
山天大畜　六 ䷙ 四、……以上四者可做為四運之零神位。
澤地萃　四 ䷬ 四、
火風鼎　三 ䷱ 四、
風火家人　二 ䷤ 四、
地澤臨　一 ䷒ 四，……以上四者可做為四運之正神位。

四運時之龍山向水能挨得卦運為文曲星之運，合巽山巽向巽水流。

★（五）**武曲星局**：乾山乾向水流乾，乾峰出狀元。

格局：六白金武曲星局，以先天艮卦為體，後天乾卦武曲為令星主用。立乾卦之龍，作乾卦之向，收乾卦之水，又乾卦有峰。

解一：就二十四山之起星下卦而言：六運武曲星主運，天心一卦入中五之位，則二十四山中，壬、子、癸、坤、申、辰、乾、亥、艮、寅、午、丁諸山均得武曲星生旺之氣。

惟後天之一坎宮、二坤宮、四巽宮為六運時水之三吉位；因此坎宮之壬子癸、坤宮之坤申、巽宮之辰，為得零神之旺，宜為水之吉位。

而六乾宮、八震宮、九離宮為六運時山之三吉位。因此乾宮之乾亥、艮宮之艮寅、離宮之午丁，得正神之旺，宜為山之吉位。

解二：就六十四卦之卦運而言：六運武曲星主運，其主角卦有：

天澤履　九　䷉　六、

雷火豐　八　䷶　六、

水風井　七　䷯　六、

山地剝　六　䷖　六、……………以上四者可做為六運之正神位。

澤天夬　四　䷪　六、

火雷噬嗑　三　䷔　六、

風水渙　二　䷺　六、

地山謙　一　䷎　六，……………以上四者可做為六運之零神位。

六運能挨得武曲星之運，即合乾山乾向水流乾。

★（六）破軍星局：酉山酉向酉水朝，富貴入京兆。

格局：七赤金破軍星局，以先天坎卦為體，後天兌卦破軍為令星主用，立兌卦之龍，作兌卦之向，收兌卦之水（或峰）。

解一：就二十四山之起星下卦而言：七運破軍星主運，天心一卦入五之位，則二十四山中，壬、子、癸、未、卯、乙、酉、辛、艮、寅、丙諸山均得破軍星生旺之氣。

惟後天之一坎宮、二坤宮、三震宮為七運時水之三吉位；因此坎宮之壬子癸、坤宮之未、震宮之卯乙，為得零神之旺，宜為水之吉位。而七兌宮、八艮宮、九離宮為七運時山之三吉位，因此兌宮之酉辛、艮宮之艮寅、離宮之丙，得正神之旺，宜為山之吉位。

解二：在得運之二十四山中，其玄空大卦中有：

酉中之師　一　䷆　七，丙中之大有　三　䷍　七為七運得生旺之零神；

壬中之比　七　䷇　七，卯中之同人　九　䷌　七，為七運得生旺之正神。

因此，龍山向水峰若得以上零神與正神，則得旺山旺向之生氣。

解三：就六十四卦之星運而言：七運破軍星主運，其主角卦為：

天火同人　九　䷌　七、

雷澤歸妹　八　䷵　七、

水地比　七　䷇　七、

山風蠱　六　䷑　七、……以上四者可做為七運之正神位。

澤雷隨　四　䷐　七、

火天大有　三　䷍　七、

風山漸　二　䷴　七、

地水師　一　䷆　七，…………以上四者可做為七運之零神位。

七運之龍山向水峰若能挨得破軍星運，即合酉山酉向酉水朝。

★（七）左輔星局：艮山艮向艮水到，范丹遇之變富豪。

格局：八白土左輔星局，以先天震卦為體，後天艮卦左輔為令星主用。立艮卦之龍，作艮卦之向，收艮卦之水（或峰）。

解一：就二十四山之得令失令而言：八運左輔星主運，天心一卦入五之位，則二十四山中，未、甲、巽、巳、乾、亥、酉、辛、丑諸山均得左輔星生旺之氣。

惟後天之二坤宮、三震宮、四巽宮為八運時水之三吉位；因此坤宮之未、震宮之甲、巽宮之巽巳，為得零神之旺，宜為水之吉位；而六乾宮、七兌宮、八艮宮為八運時山之三吉位。乾宮之乾亥、兌宮之酉辛、艮宮之丑，得正神之旺，宜為山之吉位。

解二：就六十四卦之卦運而言：八運左輔星主運，其主角卦有：

天風姤　九　䷫　八、
雷地豫　八　䷏　八、
水澤節　七　䷻　八、
山火賁　六　䷕　八、……以上四者可做為八運之正神位。
澤水困　四　䷮　八、
火山旅　三　䷷　八、
風天小畜　二　䷈　八、
地雷復　一　䷗　八，……以上四者可做為八運之零神位。

八運時能挨得左輔星之運，即合艮山艮向艮水到之局。

★（八）右弼星局：午山午向午來堂，大將鎮邊彊。

格局：九紫火右弼星局，以先天乾卦為體，後天離卦右弼為令星主用，於天卦與地卦交易變易後，立離卦之龍，作離卦之向，收離卦之水為是。

解一：就二十四山之起星下卦而言：九運右弼星主運，天心一卦入五之位，則二十四山中，壬、子、癸、未、卯、乙、辰、乾、亥、庚、艮、寅、丙諸山均得右弼星生旺之氣。

惟後天八卦之六乾宮、七兌宮、九離宮為山之三吉位。因此乾宮之乾亥、兌宮之庚、離宮之丙，為得正神之旺，宜為山之吉位。

而一坎宮、三震宮、四巽宮為九運水之三吉位；坎宮之壬子癸、震宮之卯乙、巽宮之辰諸山，得零神之旺，宜為水之吉位。

是故，龍山向水若均能 得右弼星九運之零神與正神氣，則大將鎮邊疆矣。

解二：在得運之二十四山中，其玄空大卦之合乎零神與正神者有：

乾中之否 九 ䷋ 九 為九運得生旺之正神，

癸中之益 二 ䷩ 九 為九運得生旺之零神，

因此，龍山向水峰若得以上零神與正神，則得生旺之氣。

解三：就六十四卦後天之星運而言：九運右弼星主運，其主角卦有：

天地否　九 ䷋ 九、
雷風恒　八 ䷟ 九、
水火既濟 七 ䷾ 九、
山澤損　六 ䷨ 九、……以上四者可做為九運之正神位。
澤山咸　四 ䷞ 九、
火水未濟 三 ䷿ 九、
風雷益　二 ䷩ 九、
地天泰　一 ䷊ 九，……以上四者可做為九運之零神位。

九運挨得弼星之卦，即合午山午向午來堂。

第六節　城門訣法（第四訣）

玄空五行與玄空卦運合城門訣者，到山旺丁，到向旺財，生成有氣，得力最旺。

(1)城門：形勢上，穴前小明堂以水口，大明堂以三叉水口為城門。穴後則以來龍入首束氣之處為城門。理氣上，不論八卦挨星、二十四山挨星、或六十四卦挨星（本書略），均是以皇極中五為城門。

(2)城門法：形勢上，取向首兩旁合生成之宮位為正城門，取合陰陽之宮位為副城門。局法上，下層星數取在宮位或公位上合真神路者為城門法。

(3)城門訣：運法上，使城門位挨星得令，為城門訣。

(4)五星城門訣：以福主命卦或八字用神為主，以玄空五行為賓，以生入剋入或比和福主之命卦或八字用神者，為吉上加吉。

城門法者，係就四象八卦，由公位及宮位上取真神路為城門。

司馬頭陀云：庚辛坤、壬癸乾、丁丙巽、乙甲艮為城門。

★一、辛入乾宮百萬粧：庚辛坤為城門。

解一：庚辛坤為城門者，庚山在七宮，辛山在六宮，坤山在二宮，因二七同道，所以庚山以坤山為正城門。此外，二六合陰陽，因此辛山以坤山為副城門，此為顛倒挨星。

解二：辛入乾宮百萬粧者，就先後天八宮與二十四山而言，後天卦兌宮含庚酉辛三山，就先天入後天來看，其中庚與坤在先天合二七，故庚山以坤宮為正城門；而辛在先天之艮宮，所以要在先天艮宮（後天乾宮）中找真神路，而辛與後天之乾宮在公位上合六一之真神路，故辛以乾宮（戌乾亥）為城門，所以辛入乾宮百萬粧也。

解三：就六十四卦言，辛山與乾山之合真神路者有：

辛中之澤山咸　四　䷞　九合

乾中之天地否　九　䷋　九為真神路；

辛中的火山旅　三 ䷷ 八合
亥中雷地豫　八 ䷏ 八為真神路；
辛中之雷山小過 八 ䷽ 三合
亥中之火地晉　三 ䷢ 三為真神路。

因此，辛山中之三個卦，均可在後天乾宮（戌乾亥）中找到真神路，故辛入乾宮百萬粧也。

★二、癸歸艮戶發文章：壬癸乾為城門。

解一：壬癸乾為城門者，壬山在一宮，癸山在八宮，乾山在六宮，因一六同宗，所以壬山以乾山為正城門。又六八合陰陽，因此癸山以乾山為副城門。

解二：就先後天八宮與二十四山而言，壬乾合一六為正城門，癸合艮宮為八三之真神路，為副城門。故癸歸艮戶發文章也。

解三：就六十四卦而言，

癸中山雷頤　六 ䷚ 三，合
艮中之地火明夷 一 ䷣ 三為真神路
癸中之水雷屯　七 ䷂ 四，合
寅中之風火家人 二 ䷤ 四為真神路
癸中之風雷益　二 ䷩ 九，合
寅中之水火既濟 七 ䷾ 九為真神路

艮寅均屬後天之艮宮，故謂癸歸艮戶發文章也。

★三、丁坤終是萬斯箱：丁丙巽為城門。

解一：丁丙巽為城門者，丁山在二宮，丙山在九宮，巽在四宮，因四九作友，所以丙山以巽山為正城門。又二四合陰陽，因此丁山以巽山為副城門。

解二：就八宮與二十四山而言，丙巽合九四真神路，為正城門；丁以坤宮，合二七之真神路，為副城門。故丁坤終是黃金萬斯箱也。

解三：就六十四卦而言。

丁中之澤風大過 四 ䷛ 三，合
坤中之天水訟 九 ䷅ 三為真神路；
丁中之火風鼎 三 ䷱ 四，合
申中之雷水解 八 ䷧ 四為真神路；
丁中之雷風恒 八 ䷟ 九，合
申中之火水未濟 三 ䷿ 九為真神路。
坤申均屬後天之坤宮，故丁坤終是萬斯箱也。

★四、乙向巽流清富貴：乙甲艮為城門。

解一：乙甲艮為城門者，乙山在四宮，甲山在三宮，艮在八宮，因三八為朋，所以甲山以艮山為正城門。又四八合陰陽，因此乙山以艮山為副城門。

解二：就八宮與二十四山而言，甲艮合三八之真神路，為正城門；乙以巽宮合四九之真神路，為副城門。所以乙與巽宮合，可獲得清譽與富貴也。

解三：
乙中之山澤損 六 ䷨ 九，合

巽中之地天泰　一䷊九為真神路；
乙中之水澤節　七䷻八，合
巳中之風天小蓄二䷈八為真神路；
乙中之風澤中孚二䷼三，合
巳中之水天需　七䷄三為真神路。

巽巳均屬後天之巽宮，故乙向巽流清富貴也。

★五、五星城門訣

河圖五行為一六水、二七火、三八木、四九金、五十土。

龍山向水之上卦玄空五行合乎河圖五行者為五星。

福主之命卦為主，龍山向水之玄空五行為賓，凡能生入尅入福主之命卦者為五星城門訣。

福主之八字用神為主，龍山向水之玄空五行為賓，凡能生旺或比和福主用神者，亦合乎五星城門訣。

第七節　三般卦法（第五訣）

江東一卦從來吉，八神四個一，即是取當元之令星；江西一卦排龍位，八神四個二，即是龍分二片陰陽取，水對三叉細認縱，陰陽不得差錯，要能合五吉則可。

★（一）天地父母三般卦：乾為天，為九運卦之體卦；坤為地，為一運卦之體卦。乾坤合天地定位，故一九運為父母卦為一般。雷風相薄合八二天元、山澤通氣合六四地元、水火不相射合七三人元，為三般。

★（二）東西父母三般卦：一運為父卦，生出六七八運為江東卦，九運為母卦，生出二三四運為江西卦。一九運父母卦為一般、六七八運江東卦為一般、二三四運江西卦為一般。即由父母卦及父母卦所生之子息卦，所配成之天元、人元、地元之三般卦也。

1.父母卦配成之卦：龍山向水均由一九運父母卦所配也。

2.天元卦配成之卦：龍山向水由卦運二八運互配。

3.人元卦配成之卦：龍山向水由卦運三七運互配。

4.地元卦配成之卦：龍山向水由卦運四六運互配。

5.一運父卦與六七運江東卦配，九運母卦與三四運江西卦配。

★（三）**南北父母三般卦**：先天乾卦在子午線針路之東，先天坤卦在子午線針路之西，乾東坤西，為父母卦一般；震坎艮男主運，故八七六運為一般；巽離兌女主運，故二三四運為一般。

★（四）**二十四山之三般**：子午卯酉（陰）與乾坤艮巽（陽）為天元龍一般。辰戌丑未（陰）與甲庚丙壬（陽）為地元龍一般。寅申巳亥（陽）與乙辛丁癸（陰）為人元龍一般。此為二十四山歸藏於後天八卦之三般。

★（五）**運法之天地父母三般**：不易之地盤，交易之天盤，變易之令星，合為三般。天指天卦，亦指天運當元之天心一卦，八卦只有一卦通者此也。地指地卦，亦指不易之後天八卦，天地父母三般卦，即是天卦交易於不易之地卦，所生變易之令星，所謂三般者，即不易、交易、變易之三般也。

第八節　兼輔兼貪法（第六訣）

每運玄空五行之正神與零神合三吉星，玄空卦運離宮打劫而能兼及當元令星者，當運亦強。

★本運之星（主）與門向氣口之星運（賓）合十者為兼貪，如四運文曲星值運，澤地萃四 ䷬ 四卦為主運卦，屬木為君，門向或氣口是山地剝六 ䷖ 六，屬武曲金為賓為臣，則四六合十為兼貪。

★氣口星運生入剋入本運運星者為兼輔。如門向氣口為山地剝卦六 ䷖ 六金，剋主運澤地萃卦四 ䷬ 四之木，為剋入，雖剝卦之正運未至，亦為輔運可小發也。若立左輔星雷地豫八 ䷏ 八之向，則左輔屬土，為木剋土，

剋出不吉。又如立天地否九䷋九卦向，否卦是右弼星屬火，為君生臣，為生出，亦非吉也

主運卦四䷬四（萃）—屬木—為主

氣口六䷖六（剝）—屬金—為賓

氣口八䷏八（豫）—屬土—木剋土，剋出不吉

氣口九䷋九（否）—屬火—木生火，生出不吉

★註：星運合十，六金剋四木，剋入吉。河圖五行四金生六水，生出不吉。

本法以主運卦之星數正五行為主，門向氣口之星數為賓為臣，論合十，論生剋，生入剋入者吉，生出剋出者凶。因主運卦之星數正五行為本運之主宰，合十生入者吉，生出剋出者凶。

因此兼貪兼輔之法，必須要具備三個條件才會應驗。

(1)上層玄空五行陰陽相見；

(2)下層星運五行生入剋入本運主運卦；

(3)元運水值零神。

★再解：同宮異元星運合十者可取為輔弼，一九運、二八運、三七運、及四六星運之各卦，彼此間可互為輔弼；在共路（真夫婦）之宮中，取星運合一氣清純或合生成者亦為取貪。星運正五行之生尅如前述。

★又解：取輔取貪之三訣。

■取輔者，同宮不同儀為第一訣。

子癸午丁，卯乙酉辛，取輔者用半穴乾坤艮巽宮。如乾宮中，九䷀一、四䷪六、三䷍七、八䷡二為陽儀，二䷈八，七䷄三、六䷙四、一䷊九為陰儀。取五行合十，卦運也合十者，便是取輔，如三䷍七之向與七䷄三之水口，此為第一訣。

■取貪者，異宮同儀為第二訣。

辰戌丑未與甲庚丙壬則取貪為用。如在乾宮中，若是乾宮八䷡二之向時，可取兌宮中之三 ䷨ 二之水口，便是取貪（五行合生成，卦運合一氣純清），是為第二訣。

■同宮取輔外更取共路同儀之貪狼為第三訣。

寅申巳亥與乙辛丁癸，用乾坤艮巽取輔外，更取貪狼為五吉。如在乾宮及兌宮中，以乾宮八 ䷡ 二之卦為向時，可以在乾宮中取二 ䷈ 八為水口，為取輔外，也可以在兌宮中取三 ䷥ 二為水口，來去水具佳，為第三訣。

第九節　七星打刼法（第七訣）

每宮有一主卦不動，而其他七個卦可離開向首之宮，去打劫他宮之合乎真神路者，而被劫之位，必定是元運挨星得令之一路。

★易盤六十四卦，分為八宮，各宮內卦由乾兌離震、巽坎艮坤所構成，而每一宮之外卦，也是由乾兌離震、巽坎艮坤所盪成。此八宮中，每宮有一個卦無反對，無反對之卦為本宮之主卦，其餘七卦都有反對卦，皆可翻出別宮去，又可翻入本宮來，此即「北斗七星去打劫，離宮要相合」也。

★七星打刼者又名翻天倒地，即將卦之頭尾倒翻，如山天大畜六 ䷙ 四，頭尾倒翻，變成天雷无妄九 ䷘ 二，若為山雷頤 ䷚ 卦，則倒翻仍為山雷頤 ䷚ 卦，這個卦無反對，為該宮之主卦。

如九運天澤履九 ䷉ 六之向，九運為下元，龍向必在江東之一邊，那天澤履九 ䷉ 六之顛倒排，變成風天小畜二 ䷈ 八，以風天小畜 ䷈ 之二運卦為氣口。天澤履 ䷉ 卦為兌宮之卦，風天小畜 ䷈ 為乾宮之卦，這已經離開本宮而出，下元去打刼上元之氣矣。但河圖數之五行，向卦天澤履九 ䷉ 屬九乾金，風天小畜二 ䷈ 之氣口屬二巽火，因向之金受氣口火之剋，故我勢弱，不能刼也。因此須要有兌四金之水口，以兌四金與向之九乾金合生成，才能刼。

因向之卦倒排，天澤履九 ䷉ 六變澤天夬四 ䷪ 六，以助向卦（天澤履䷉）乾九之金，始為我勢強，有力量去刼。若以風天小畜 ䷈ 二運先刼而用之，下元刼上元之氣也，若此種刼法形成我勢弱，而成無助之形局，則不能刼矣。此時用向卦之爻反，頭尾倒置打刼「顛倒」，用向卦之卦「倒排」，亦即內外卦對調，助向得勢。本向無運，而去打刼有旺氣之氣口，為我所用，此謂之打刼。

例：向　兌宮九 ䷉ 六

氣口一　乾宮二 ䷈ 八向之顛倒不可刼。（河圖數二、九不通）

氣口二　乾宮四 ䷪ 六向之倒排可刼

註：1.擇氣口五行生入、尅入或同旺「向卦」五行者而用之。

2.若在「大玄空挨星」立向無運者，可劫在二十四山當運合用之卦而用之。此為局法配合運法而用也。

第十節　些子訣法（第八訣）

本節些子訣法談摘爻法、六十四卦卦氣法、及二十八宿星宿法。

壹、摘爻法（本要訣請參閱第十二節「談卦爻分金」）

抽爻換象：談坐山立向之分金。

迎神引氣：談門路、水口、氣口之轉衰為旺。物換星移在此一摘。

貳、六十四卦卦氣法（含六親法及飛爻法）

一、六親法：論坐山立向之生尅。

（一）八宮卦及其五行

八宮卦

八純卦　一世卦　二世卦　三世卦　四世卦　五世卦　游魂卦　歸魂卦

1.乾宮八卦：五行屬金
䷀、䷫、䷠、䷋、䷓、䷖、䷢、䷍

2.兌宮八卦：五行屬金
䷹、䷮、䷬、䷞、䷦、䷎、䷽、䷵

3.離宮八卦：五行屬火
䷝、䷷、䷱、䷿、䷃、䷺、䷅、䷌

4.震宮八卦：五行屬木
䷲、䷏、䷧、䷟、䷭、䷯、䷛、䷐

5.巽宮八卦：五行屬木
䷸、䷈、䷤、䷩、䷘、䷔、䷚、䷑

6.坎宮八卦：五行屬水
䷜、䷻、䷂、䷾、䷰、䷶、䷣、䷆

7.艮宮八卦：五行屬土
䷳、䷕、䷙、䷨、䷥、䷉、䷼、䷴

8.坤宮八卦：五行屬土
䷁、䷗、䷒、䷊、䷡、䷪、䷄、䷇

（二）先天八卦納天干

所謂納甲，就是將天干地支放入卦爻中，也因這樣的關聯，而開啟了易經與各式占驗法的結合。

八卦納天干，依月象則乾納甲壬（內卦為甲，外卦為壬），坤納乙癸（內卦為乙，外卦為癸），艮納丙，兌納丁，坎納戊，離納己，震納庚，巽納辛。

乾☰納甲壬　坤☷納乙癸、
艮☶納丙　兌☱納丁、
震☳納庚　巽☴納辛、
坎☵納戊　離☲納己。

乾☰、震☳、坎☵、艮☶四陽卦，配陽的干支。
陽干支隔位順時鐘排列。

坤☷、巽☴、離☲、兌☱四陰卦，配陰的干支。
陰干支隔位逆時鐘排列。

（三）先天八卦納地支

乾☰金甲子、外壬午。內卦子寅辰、外卦午申戌。
坤☷土乙未、外癸丑。內卦未巳卯、外卦丑亥酉。
震☳木庚子、外庚午。內卦子寅辰、外卦午申戌。
巽☴木辛丑、外辛未。內卦丑亥酉、外卦未巳卯。
坎☵水戊寅、外戊申。內卦寅辰午、外卦申戌子。
離☲火己卯、外己酉。內卦卯丑亥、外卦酉未巳。
艮☶土丙辰、外丙戌。內卦辰午申、外卦戌子寅。
兌☱金丁巳、外丁亥。內卦巳卯丑、外卦亥酉未。

八卦納地支，則陽卦取陽支（子、寅、辰、午、申、戌），順排（由內而外，也就是由下而上），如乾從子起，然後寅辰午申戌分別納入初至上爻；陰卦取陰支（丑、卯、巳、未、酉、亥），逆排，也就是由外而內（由上而下），坤卦上爻從酉起，至初爻未，如表。

八純卦		☰	☳	☵	☶	☴	☲	☱	☷
五行		乾金	震木	坎水	艮土	巽木	離火	兌金	坤土
外卦	上爻	壬戌	庚戌	戊子	丙寅	辛卯	己巳	丁未	癸酉
	五爻	壬申	庚申	戊戌	丙子	辛巳	己未	丁酉	癸亥
	四爻	壬午	庚午	戊申	丙戌	辛未	己酉	丁亥	癸丑
內卦	三爻	甲辰	庚辰	戊午	丙申	辛酉	己亥	丁丑	乙卯
	二爻	甲寅	庚寅	戊辰	丙午	辛亥	己丑	丁卯	乙巳
	初爻	甲子	庚子	戊寅	丙辰	辛丑	己卯	丁巳	乙未

八純卦之外的其餘56卦，則將卦分為上下卦，分別取用其原屬宮位上下卦的干支，例如，同人卦䷌，上為乾，下為離，上卦三爻取乾卦上卦的壬午、壬申及壬戌，下卦則取離卦下卦的己卯、己丑，己亥。

以坤宮卦之地天泰䷊為例，該卦之宮卦五行屬土。宮卦五行為我為主體，與爻神干支中之地支論生剋。

上爻	⚋	癸	酉
五爻	⚋	癸	亥
四爻	⚋	癸	丑
三爻	⚊	甲	辰
二爻	⚊	甲	寅
初爻	⚊	甲	子

起六親：剋我為官鬼，我剋為妻財，生我為父母，我生為子孫，同我為兄弟。

(四) 六十四卦爻神坐向斷訣

1. 坐父母爻

坐父向官，父犯官刑。坐父向父，代代長壽。坐父向兄，兄弟爭產。坐父向子，子孫滿堂。坐父向財，父創家業。

2. 坐官鬼爻

坐官向官，官官相惠。坐官向父，父當官職。坐官向兄，兄當官僚。坐官向子，子屬官員。坐官向財，富貴雙全。

3.坐兄弟爻

坐兄向官，兄弟官司。坐兄向父，兄弟長壽。坐兄向兄，兄弟和睦。坐兄向子，兄助姪發。坐兄向財，兄弟創業。

4.坐妻財爻

坐財向官，官奪民產。坐財向父，發達長久。坐財向兄，兄弟爭財。坐財向子，子孫富貴。坐財向財，財源廣進。

5.坐子孫爻

坐子向官，子犯官司。坐子向父，子孝父慈。坐子向兄，兄奪侄產。坐子向子，子孫綿綿。坐子向財，子孫創業。

二、**飛爻法**：定來氣生旺之年命（時間及對象）。

六十四卦飛爻法以入首龍（山龍、水龍）為本卦卦氣，以動卦之天干為主，以定發財發福之年與命。

將該卦六爻從下變起，陰變陽，陽變陰。如同八宮卦由初爻、二爻、三爻、四爻、五爻、遊魂、歸魂依序而變。

坎卦䷜，下卦為動卦初爻飛出為兌☱，兌納丁。

兌☱二爻飛出為震☳，震納庚。

震☳三爻飛出為離☲，離納己。

繼之䷾上卦為動卦，四爻飛出為兌☱，同初爻變。

䷰五爻飛出為震䷶，同二爻變。

震䷶返下變四爻為遊魂坤☷卦，坤納乙癸（因外卦坤納癸，故乙力較輕；若為內卦因坤納乙，則癸力較輕）。

䷣又復下卦內三爻同變，為歸魂卦☵，下卦同本卦坎，坎納戊。

因本卦坎為水卦䷜無法飛出乾巽艮三卦，故甲壬辛丙四干之年與命不能獲福。

參、二十八宿星宿法

明師盤線：消水（依天盤）、消坐（依地盤）、消峯（依人盤）。

收山出煞：消八煞、消形煞四垣二十八宿得日月五星之精為經，五曜得天五氣之精而恆為緯，此為在天之有形以載天之氣也。

五星	玄武七宿	白虎七宿	朱雀七宿	青龍七宿
木（歲星）	斗	奎	井	角
金（太白）	牛	婁	鬼	亢
土（鎮星）	女	胃	柳	氐
火（應日）	虛	昴	星	房
火（應月）（水）	危	畢	張	心
火（熒惑）	室	嘴	翼	尾
水（辰星）	壁	参	軫	箕

五行	土	火	水	木	金	土	火	水	火	◎水	木	◎金	土	火	
星宿度	危 16	室 18小	壁 9太	奎 18	婁 12太	胃 15小	昴 11	畢 16半	觜 1	參 9半	井 30小	鬼 2	柳 13半	星 6太	合計
度數	16	18.25	9.75	18	12.75	15.25	11	16.50	1	9.50	30.25	2	13.50	6.75	180.5

五行	水	火	◎水	木	◎金	土	火	水	火	◎水	木	金	土	火	
星宿度	張 17太	翼 20小	軫 18太	角 12太	亢 9太	氐 16小	房 5太	心 6	尾 18	箕 9半	斗 22太	牛 7	女 11	虛 9小	合計
度數	17.75	20.25	18.75	12.75	9.75	16.25	5.75	6	18	9.50	22.75	7	11	9.25	184.75

二十八星宿之宿度五行出自七政，日月歸火水，以「火土金木水」之序，由虛危二宿之間，依順時鐘之序，「順行」七二次舍七二睺三百六十度。明師盤線線度五行用「逆排」，自危宿之頭一度，逆行七二次舍，經緯三百六十度。由於二八宿原為三百六十五度又四分之一，周天日數七三睺，用「盈以應度，縮以應睺」之理，縮去一睺，計縮去五度又四分之一不用，恰合周天三百六十度，五行依序逆排

二十八星宿宿度五行

①明師盤線用：

木──角、奎、井、斗。

水──軫、壁、箕、參、張、心、危、畢。

土──氐、女、胃、柳。

金──亢、牛、鬼、婁。

火──翌、室、嘴、尾、虛、昴、星、房。

②收山出煞用：

木──角、奎、井、斗。

水──軫、壁、箕、參。

土──氐、女、胃、柳。

金──亢、牛、鬼、婁。

火──翌、室、嘴、尾、虛、昴、星、房、張、心、危、畢。

明師盤線消坐──依地盤

以坐山線度五行為主，二十八宿宿度五行為賓，論生剋。生我為父母線，我生為子孫線，剋我為官鬼線，我剋為妻財線，同我為比和兄弟線。分金線度，下父母線、妻財線、兄弟線者吉，餘凶。

生線為父母：主丁貴兩盛，出人聰明高壽。得令加吉，失令平。

洩線為子孫：主幼丁及冷退，出人低能短壽。得令不洩，失令洩。

財線為妻財：得令主丁財兩盛，出人魁梧英俊。失令大凶。

煞線為官鬼：為絕線，主丁財退敗，出人兇惡，陰險，二代必絕。

旺線為兄弟：主生財富貴興隆，出人溫和謙遜。得令加吉，失令平。

參考流年：填實年、三合年，吉者加吉。沖吊刑者，填實年凶，凶者更凶。

凶者，視五行而斷其病，以八卦斷其發生之部位。切記，房分不可斷，以免害人兄弟不和。

明師盤線消峯——依人盤

消峯亦以線度五行為主為我，峯之正五行為賓為他，論生尅。如乾山巽向，丙方有峯，丙屬火坐度，則線度五行用火土水三度吉。餘倣此。

二十四山之正五行：亥壬子癸大江水，甲寅乙卯巽木宮，巳丙午丁皆屬火，庚辛申酉乾金逢，辰戌丑未坤艮土，此是五行老祖宗。

生我為父母，我洩為子孫。我尅為妻財，尅我為官鬼，比旺為兄弟。

明師盤線消水——依天盤

明師盤線消水：以坐山線度五行為主，水口二十八宿宿度五行為賓，論生尅。生我為父母線，我生為子孫線，尅我為官鬼線，我尅為妻財線，同我為比和兄弟線。分金線度，下父母線、妻財線、兄弟線者吉，餘凶。

收山出煞：消煞水依天盤，消煞峯依人盤。

形煞：犯煞時可用線度五行與煞比和，或煞生我，不可與煞位戰尅。

黃泉八煞：坎龍坤兔震山猴，巽鷄乾馬兌蛇頭，艮虎離猪為煞曜，宅墓逢之百事休。（以坐山與來龍論）

煞曜辰屬土，則線度五行宜坐金土制化之。

煞曜寅卯屬木，則線度五行宜坐火木制化之。

煞曜申酉屬金，則線度五行宜坐水金制化之。

煞曜巳午屬火，則線度五行宜坐土火制化之。

煞曜亥屬水，則線度五行宜坐木水制化之。

第十一節　局法範例

壹、零堂正向

慕講禪師說：一元紫午九，辛亥許同倫、二值牛艮輔、三居金酉真、四通乾豕利、中五覓廉貞、六氣巽風扇、七當甲乙心、八則坤猿動、九數貪癸輪。

一運時，六七九宮為水的三吉位。九離宮之丙午丁三山為正零堂，六乾宮之戌乾亥及七兌宮之庚酉辛為副零堂。於零堂中取正神為向，稱零堂正向。

一運時九離宮可取為正神向者有下列四卦：

四 ䷡ 六（火坑）、三 ䷍ 七、四 ䷠ 三、三 ䷷ 四。

若遇火坑位則不用。

二運時，六七八宮為水的三吉位。八艮宮為正零堂，六乾宮及七兌宮為副零堂。

三運時，七八九宮為水的三吉位。七兌宮為正零堂，八乾宮及九離宮為副零堂。

四運時，六八九宮為水的三吉位。六乾宮為正零堂，八艮宮及九離宮為副零堂。

五運時，前十年歸四運，後十年歸六運。

六運時，一二四宮為水的三吉位。四巽宮為正零堂，一坎宮及二坤宮為副零堂。

七運時，一二三宮為水的三吉位。三震宮為正零堂，一坎宮及二坤宮為副零堂。

八運時，二三四宮為水的三吉位。二坤宮為正零堂，三震宮及四巽宮為副零堂。

九運時，一三四宮為水的三吉位。一坎宮為正零堂，三震宮及四巽宮為副零堂。

如以先天及後天卦同看時，一元紫午九，一運之零堂應該是在乾宮之：

午山之九䷀一、（非一運之正神）

午丙界四䷪六、（火坑）

丙山之三䷍七，

由於四䷪六、三䷍七合一運之正神向，但因四䷪六正位於火坑處，所以三䷍七才合於可用之零堂正向。以下各宮同理存參。

一元紫午九

以先天卦而言，一運之零堂為乾宮。

龍辛中四䷞九

山乾中九䷋九

向巽中一䷊九

水乙中六䷨九

以先天乾宮及後天離宮合看時，則一運零堂為：

龍壬中二䷓二

山壬中七䷇七
向丙中三䷍七
水丙中八䷡二

二值牛艮輔（二運：先天震宮，後天艮宮）

龍丁中三䷱四
山未中七䷯六
向丑中三䷔六
水癸中七䷂四

三居金酉真（三運：先天坎宮，後天兌宮）

龍甲中三䷝一　龍艮中一䷣三
山寅中七䷾九　山卯中九䷌七
向申中三䷿九　**向酉中一䷆七**
水庚中七䷜一　水坤中九䷅三

四通乾豕利（四運：先天艮宮，後天乾宮）

龍巽中一䷊九　龍卯中一䷒四
山乙中六䷨九　山巽中九䷉六
向辛中四䷞九　向乾中一䷎六
水乾中九䷋九　水酉中九䷠四

六氣巽風扇（六運：先天兌宮，後天巽宮）

龍乾中九䷋九　龍酉中九䷠四
山辛中四䷞九　山乾中一䷎六
向乙中六䷨九　向巽中九䷉六
水巽中一䷊九　水卯中一䷒四

七當甲乙心（七運：先天離宮，後天震宮）

龍庚中七䷜一　龍坤中九䷅三
山申中三䷿九　山酉中一䷆七

向寅中七䷾九　向卯中九䷌七

水甲中三䷝一　水艮中一䷣三

八則坤猿動（八運：先天巽宮，後天坤宮）

龍癸中七䷂四

山丑中三䷔六

向未中七䷯六

水丁中三䷱四

九數貪癸輪（九運：先天坤宮，後天坎宮）

龍乙中六䷨九　龍丙中八䷡二

山巽中一䷊九　山丙中三䷍七

向乾中九䷋九　向壬中七䷇七

水辛中四䷞九　水壬中二䷓二

貳、救貧黃泉與殺人黃泉

★庚丁坤上是黃泉——殺人黃泉。

庚中　山水蒙　六 ䷃ 二——火坑

坤中　地風升　一 ䷭ 二

★丁坤終是萬斯箱——救貧黃泉。

丁中　澤風大過　四 ䷛ 三

坤中　天水訟　九 ䷅ 三

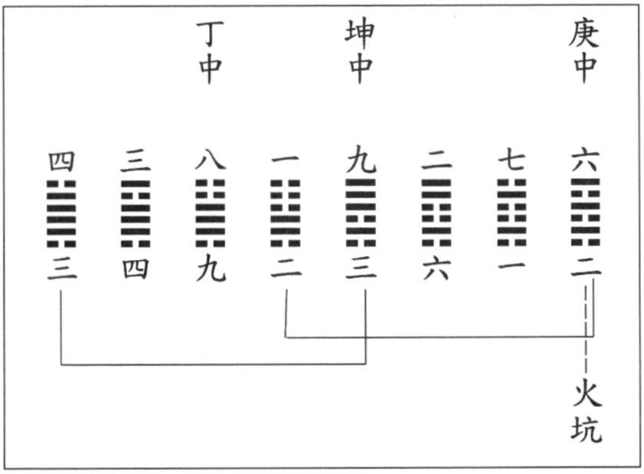

★乙丙須防巽水先——殺人黃泉。

丙中　澤天夬　四 ䷪ 六——火坑

巽中　天澤履　九 ䷉ 六

★乙向巽流清富貴——救貧黃泉。

乙中　山澤損　六 ䷨ 九

巽中　地天泰　一 ䷊ 九

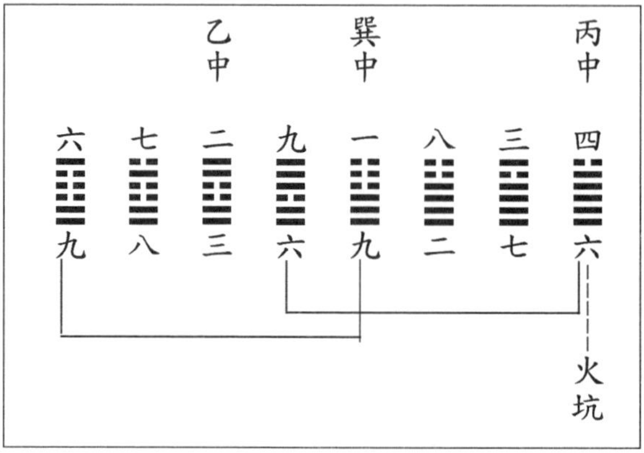

★甲癸向上休見艮——殺人黃泉。

甲中 澤火革 四 二——火坑

艮中 天雷無妄 九 二

★癸歸艮戶 發文章——救貧黃泉。

癸中 山雷頤 六 三

艮中 地火明夷 一 三

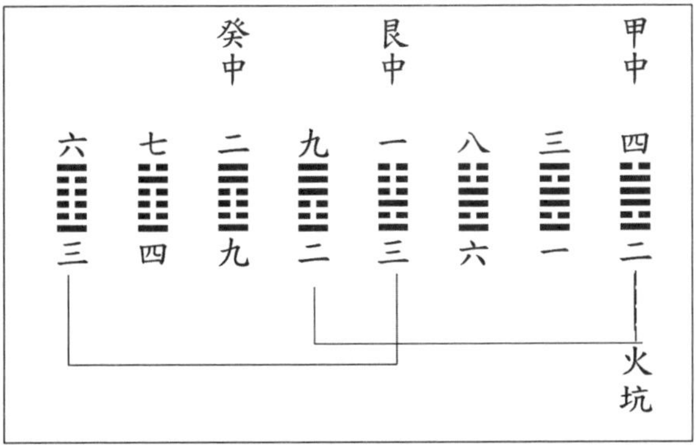

★辛壬水路怕當乾——殺人黃泉。

壬中　山地剝　六 ䷖ 六——火坑

乾中　地山謙　一 ䷎ 六

★辛入乾宮百萬粧——救貧黃泉。

辛中　澤山咸　四 ䷞ 九

乾中　天地否　九 ䷋ 九

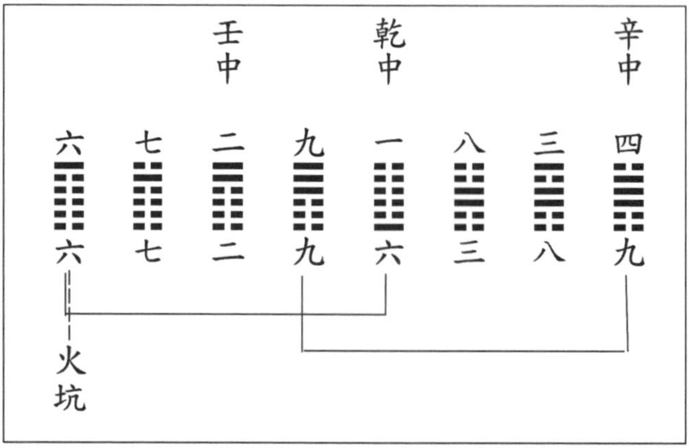

參、向水流歸一路行

（一）、水九 ䷅ 三　（二）、水一 ䷣ 三
向四 ䷛ 三　向六 ䷚ 三
水六 ䷨ 九　水四 ䷞ 九

（三）、水一 ䷊ 九　（四）、水九 ䷋ 九
向六 ䷨ 九　向四 ䷞ 九
水一 ䷁ 一　水九 ䷀ 一

水指來水與去水，龍水要交，賓主各得其位，始能救貧

肆、自庫與借庫

龍癸中七 ䷂ 四　龍乙中七 ䷻ 八
山丑中三 ䷔ 六　山辰中三 ䷥ 二
向未中七 ䷯ 六　向戌中七 ䷦ 二
來水申中三 ䷿ 九　來水亥中三 ䷢ 三

去水丁中三䷱四
借庫巳中二䷈八

龍丁中三䷱四
山未中七䷯六
向丑中三䷔六
來水寅中七䷾九
去水癸中七䷂四
借庫亥中八䷏八

去水辛中三䷷八
借庫庚中二䷺六

龍辛中三䷷八
山戌中七䷦二
向辰中三䷥二
來水巳中七䷄三
去水乙中七䷻八
借庫甲中八䷶六

伍、天元龍

子午卯酉龍、乾坤艮巽山。乾坤艮巽向、子午卯酉水。

龍子中一䷁一
山乾中九䷋九

龍子中一䷗八
山艮中九䷘二

向巽中一䷊九
水午中九䷀一
龍酉中一䷆七
山坤中九䷅三
向艮中一䷣三
水卯中九䷌七
龍午中九䷀一
山巽中一䷊九
向乾中九䷋九
水子中一䷁一

向坤中一䷭二
水午中九䷫八
龍酉中九䷠四
山乾中一䷎六
向巽中九䷉六
水卯中一䷒四
龍午中九䷫八
山坤中一䷭二
向艮中九䷘二
水子中一䷗八

龍卯中九䷌七
山艮中一䷣三
向坤中九䷅三
水酉中一䷆七

龍卯中一䷊四
山巽中九䷉六
向乾中一䷗六
水酉中九䷫四

乾坤艮巽龍、子午卯酉山。子午卯酉向、乾坤艮巽水。

龍乾中一䷗六
山酉中九䷘四
向卯中一䷒四
水巽中九䷉六
龍艮中一䷣三
山卯中九䷌七

龍巽中九䷉六
山卯中一䷒四
向酉中九䷫四
水乾中一䷗六
龍坤中九䷅三
山酉中一䷆七

向酉中一䷆七
水坤中九䷅三

龍乾中九䷋九
山子中一䷁一
向午中九䷀一
水巽中一䷊九

龍艮中九䷘二
山子中一䷗八
向午中九䷫八
水坤中一䷭二

向卯中九䷌七
水艮中一䷣三

龍巽中一䷊九
山午中九䷀一
向子中一䷁一
水乾中九䷋九

龍坤中一䷭二
山午中九䷫八
向子中一䷗八
水艮中九䷘二

陸、地元龍

辰戌丑未龍、甲庚丙壬山。甲庚丙壬向、辰戌丑未水。

龍辰中三䷥二
山丙中八䷡二
向壬中二䷓二
水戌中七䷦二

龍戌中七䷦二
山壬中二䷓二
向丙中八䷡二
水辰中三䷥二

龍未中七䷯六
山庚中二䷺六
向甲中八䷶六
水丑中三䷔六

龍丑中三䷔六
山甲中八䷶六
向庚中二䷺六
水未中七䷯六

甲庚丙壬龍、辰戌丑未山。辰戌丑未向、甲庚丙壬水。

龍甲中八䷡六
山丑中三䷥六
向未中七䷦六
水庚中二䷓六

龍庚中二䷺六
山未中七䷯六
向丑中三䷔六
水甲中八䷶六

龍壬中二䷓二
山戌中七䷦二
向辰中三䷥二
水丙中八䷡二

龍丙中八䷡二
山辰中三䷥二
向戌中七䷦二
水壬中二䷓二

柒、人元龍

寅申巳亥龍、乙辛丁癸山。乙辛丁癸向、寅申巳亥水。

龍寅中二䷤四
山癸中七䷂四

龍申中八䷧四
山丁中三䷱四

向丁中三䷱四
水申中八䷟四

龍亥中八䷏八
山辛中三䷷八
向乙中七䷗八
水巳中二䷈八

乙辛丁癸龍、寅申巳亥山。寅申巳亥向、乙辛丁癸水。

龍乙中七䷒八
山巳中二䷈八
向亥中八䷏八
水辛中三䷷八

向癸中七䷂四
水寅中二䷤四

龍巳中二䷈八
山乙中七䷻八
向辛中三䷷八
水亥中八䷏八

龍辛中三䷷八
山亥中八䷏八
向巳中二䷈八
水乙中七䷻八

龍丁中三䷱四
山申中八䷧四
向寅中二䷤四
水癸中七䷂四

龍癸中七䷂四
山寅中二䷤四
向申中八䷧四
水丁中三䷱四

第十二節　談摘爻與分金

一、前言

玄空堪輿學，不論有形之巒頭或無形的理氣，都建立在易理陰陽調和之學說上，有形的巒頭是否山明水秀，呈現於眼前者，大家見解差異不大，而無形的理氣則諸家見解各有強調。玄空法的理氣，有專談八山運法與八山局法者，有專談二十四山運法與二十四山局法者，均強調易理之基本理念，此大些子也。有強調形局龍山向水之配局者，他們注重六十四卦陰陽之合和，此中些子也。有強調坐山立向之分金者，則他們注重六十四卦爻位之變化，此小些子也。玄空堪輿學需能同時兼顧大、中、小些子者，則完美矣。

一個圓周三百六十度，玄空法一個圓周六十四卦，每卦六爻，故一個圓周共計三百八十四個爻位，每個爻位比一個度數還小，所以爻位的陰陽調度非常重要，失之毫釐將差之千里矣，吉凶禍福之變化，在此一些些的差異，真小些子也。

古人六銖為一錙，四錙為一兩，以其強調精細，所以錙銖必較也。錙銖必較之摘爻法，不僅可以用在陰宅墳塋之坐山立向、納骨塔塔位之安置，以及陽宅地基的立向、辦公桌之定位、主要來氣方位之迎神引氣等均可應用，此所以寫此文之目的。但由於錙銖必較，故方位度數之測量必須精確，若一閃失則全盤皆墨矣。

二、卦爻順逆之動靜

六十四卦用爻之方法，是迎神引氣之秘，若不知順逆，怎知雌雄動靜及陰陽之變化？如了解順逆動靜之秘，則坐山立向之抽爻換象，及門路氣口之迎神引氣，始能運用自如也。

（一）卦爻陰陽順逆之原則：凡六十四卦，其外卦及內卦俱陽或俱陰者為陰卦（以河圖數為準，河圖數一三七九為陽，二四六八為陰）；而外卦陽內卦陰，或外卦陰而內卦陽者為陽卦，陽卦之爻位順排，而陰卦之爻位逆排。簡言之，兩陽兩陰為陰為逆，一陽一陰為陽為順。陽卦從盤面上之左邊順排初、二、三、四、五、上爻；陰卦從右邊逆排初、二、三、四、五、上爻。

（二）卦爻陰陽順逆之運用：經云「陽從左邊團團轉，陰從右路轉相通」。由於六十四卦中，一運卦歸藏於 ☷ 坤卦，二運卦歸藏於 ☴ 巽卦，三運卦歸藏於☲離卦，四運卦歸藏於☱兌，六運卦歸藏於☶艮卦，七運卦歸藏於☵坎卦，八運卦歸藏於☳震卦，九運卦歸藏於☰乾卦。所以一運卦、三運卦、七運卦、九運卦之各卦均屬陽卦；二運卦、四運卦、六運卦、八運卦之各卦屬陰卦。因此陽卦從羅盤的左邊排初爻、二爻、三爻、四爻、五爻、上爻；陰卦從羅盤的右邊排初爻、二爻、三爻、四爻、五爻、上爻。陰陽順逆有序，萬萬不可排錯，一旦排錯則抽爻換象之結果全非矣。

三、坐山立向分金法

陰陽宅之坐山立向，在於將來龍與水口、坐山與立向，配合卦之陰陽而已，若卦之陰陽配合有規，而其用度用爻，又能抽得合宜，則宅內平安和諧。坐山立向分金的方法有二，一為父母子息法，二為抽爻換象法。

先談父母子息法，其抽爻方法也有二種方式：

（一）子息見父母：一運卦為父卦，六、七、八運卦為其子息卦；九運卦為母卦，二、三、四運卦為其子息卦。如坐山是子息卦，六爻中能抽用之動爻，若合本卦之父母卦，名為子息見父母。如坐雷地豫八䷏八，此卦為一運坤卦之子息卦，而雷地豫卦抽第四爻，其動卦（上卦）變成坤，六爻卦之成卦變為坤為地一䷁一，名之曰「子息見父母」。

簡言之，六十四卦中各運各卦抽得以下各爻、均可由子息卦見到父母卦。

二運卦抽初爻得見九運卦之真母卦、或抽四爻得見義母卦。

三運卦抽二爻得見九運卦之真母卦、或抽五爻得見義母卦。

四運卦抽三爻得見九運卦之真母卦、或抽上爻得見義母卦。

六運卦抽三爻得見一運卦之真父卦、或抽上爻得見義父卦。

七運卦抽二爻得見一運卦之真父卦、或抽五爻得見義父卦。

八運卦抽初爻得見一運卦之真父卦、或抽四爻得見義父卦。

（二）父母見子息：如坐山是父母卦，能抽得合本卦之真子息卦，名為「父母

見子息」。如

坐一運乾卦九 ䷀ 一，得抽合本卦之真子息，如

抽初爻得見八運之天風姤　九 ䷫ 八。

抽二爻得見七運之天火同人九 ䷌ 七。

抽三爻得見六運之天澤履　九 ䷉ 六。

其他父母見子息如

一運巽卦二 ䷸ 一抽第四爻變為天風姤九 ䷫ 八。

一運離卦三 ䷝ 一抽第五爻變為天火同人九 ䷌ 七。

一運兌卦四 ䷹ 一抽第六爻變為天澤履九 ䷉ 六。

簡言之，六十四卦中：

1. 一運父卦抽初爻、二爻、三爻，分別得見八運、七運、六運之真子息卦。
2. 一運父卦抽四爻、五爻、上爻，可分別得見八運、七運、六運之義子

息卦。

3. 九運母卦抽初爻、二爻、三爻，分別得見二運、三運、四運之真子息卦。

4. 九運母卦抽四爻、五爻、上爻，可分別得見二運、三運、四運之義子息卦。

（三一）此外尚要留意，龍山向水以形局之陰陽為主，如形局恰在兩卦之交界縫，則陰陽無所主宰，須略挨半度，坐入本山卦內，始有主宰，配合陰陽，庶幾捎得山來，出得煞去。

三般卦	元運	星運(用卦)	河圖九	河圖四	河圖三	河圖八	河圖二	河圖七	河圖六	河圖一	歸藏
父卦	一運	貪狼坎水	䷀天	䷹澤	䷝火	䷲雷	䷸風	䷜水	䷳山	䷁地	☷
江西卦	二運	巨門坤土	䷘无妄	䷰革	䷥睽	䷡大壯	䷓觀	䷦蹇	䷃蒙	䷭升	☴
	三運	祿存震木	䷅訟	䷛大過	䷢晉	䷽小過	䷼中孚	䷄需	䷚頤	䷣明夷	☲
	四運	文曲巽木	䷠遯	䷬萃	䷱鼎	䷧解	䷤家人	䷂屯	䷙大畜	䷒臨	☱
江東卦	六運	武曲乾金	䷉履	䷪夬	䷔噬嗑	䷶豐	䷺渙	䷯井	䷖剝	䷎謙	☶
	七運	破軍兌金	䷌同人	䷐隨	䷍大有	䷵歸妹	䷴漸	䷇比	䷑蠱	䷆師	☵
	八運	左輔艮土	䷫姤	䷮困	䷷旅	䷏豫	䷈小畜	䷻節	䷕賁	䷗復	☳
母卦	九運	右弼離火	䷋否	䷞咸	䷿未濟	䷟恒	䷩益	䷾即濟	䷨損	䷊泰	☰

如坐一六、二七、三八、四九兩卦之縫，尚不至於凶，若在後天八卦兩卦之間，如丁未、申庚、辛戌、亥壬、癸丑、寅甲、巳丙等為兩卦間交接之縫，均屬不吉，如在巳丙之間，即大壯䷡與小畜䷈卦之縫為小空亡，其他如子午卯酉、乾坤艮巽之中，皆為兩宮之交界，子午正中為兩儀之交界，為大空亡也。又如壬子、丑艮、甲卯、辰巽、丙午、未坤、庚酉之間為卦內陰陽交接之處，亦宜忌之，分金之法，宜神而明之。

四、抽爻換象分金法

坐山立向分金之另一種作法，是求上卦與下卦兩卦間，在卦理上之調和，本節所用卦名後面所備註之阿拉伯數字，係指先天卦之卦數（即河圖數），至於上下兩卦之生尅關係，則用後天卦五行（即方位五行）之生尅論之。

抽爻換象者，為坟墓及陽宅坐山立向之大用。如立乾卦䷀（9,9）之向，則抽爻後之變化如下：

用初爻變為天風姤 ䷫（9,2），（卦數用先天，五行生尅用後天）因動用初爻，則內三爻為動，外三爻為靜，動者為主，靜者為賓，以論生剋，本例9,2之數為死絕，先天卦氣不通，且後天五行乾金剋巽木，為賓尅主，故不可用，乾為老父，巽為長女，用之者長女受尅，翁媳同眠，人倫亂矣。

用二爻變為天火同人 ䷌（9,3），先天卦數9,3不合，又五行離火尅乾金，主尅賓，為尅出，乾為老父或一家之長，故老翁受尅，乾金為肺，故患痰火咳症，離為中女，故中房婦人漏胎難產，長房男子易得氣喘血光之災。

用三爻變為天澤履 ䷉ 卦（9,4），先天卦數合4,9作友，為生成之數，內卦兌金與外卦乾金比和，主財產豐厚，廣進田園，子女聰明，婦女美麗，多庶出之子，長房富豪，三房亦富。

用四爻變為風天小畜 ䷈（2,9），動在外卦，靜在內卦，外卦之巽木，受內卦乾金之尅，又二九之數不合，巽指長女，主長房之婦人難產，痰火氣喘。因動在外卦，又巽為東方木，故發生之時間當在寅卯年月及對應之申酉年月。

用五爻變為火天大有䷍（3,9），動在外卦，因火尅金，故為尅出，三九之數又不合，內卦之乾老陽也，有老相故主傷老翁，離為中女，中房之婦女洩氣、忤逆、或退財等，動在外卦之離屬火，故寅午戌及子年之年月見凶，男命則乾卦命，女人則離卦命受災。

用上爻則變為澤天夬䷪（4,9），外卦之兌金為動，內卦之乾金為靜，二金相比和，四九為友，又合生成，主丁財兩旺，富貴雙全，乾為父、為長，故長房四子成立（兌四也），滿房寵妾特權，因兌為小女，卦在乾上，老陽配小陰也，二房次吉。

以上乾卦向為例，只有三爻及上爻可用，餘照此論之。合十、合生成為吉，又以生入為吉。

五、抽爻換象之斷法

卦爻者先天之理氣，其吉凶作用須由抽爻換象後之卦象及五行生剋關係判斷之，並參考下方之說明，則斷吉斷凶，禍福昭然。

發生之年月：以動卦之五行三合年（月）及對應之年（月）為是。

發凶之人：以內外兩卦之卦命為主。

發凶之房分：以內外兩卦之卦象取之。

吉凶條件：上下兩卦先天卦數合生成、合十對待、合五、合十五者吉，後天卦五行為比和、或相生者亦吉；五行受剋者凶，剋出者亦凶。

趨避：凡火坑位及陰陽駁雜處，局法不取，故不宜抽爻。又抽初爻及上爻者，因為容易出卦，真要取用時請務必小心。

五行之剋煞關係如下：

金剋木：乾☰兌☱金配震☳巽☴木，長男長女定遭殃。其應在申酉年月。

木尅土：震☳巽☴木配坤☷艮☶土，老母小男在家亡（外卦尅內卦使然），其應在寅卯年月。

土尅水：坤☷艮☶土見坎☵水，中男絕滅不還鄉。外尅內為在家絕滅，內尅外為出外不回。其應在辰未戌丑年月。

水尅火：坎☵離☲合，夫婦先吉後凶。坎離雖三七合十，夫婦正配，久之水尅火，尅妻也。坎水若尅離火，其應在亥子年月。

火尅金：離☲火配乾☰兌☱金，老夫小婦見喪亡。火尅金（如火天大有䷍），主傷老父，其應在巳午年月。天火同人䷌、火天大有䷍，亦主生忤逆之子。

坤☷艮☶四季傷中子。其害出於辰戌丑未年月。

艮☶土配兌☱金，小陽配小陰，主早發；乾☰金配坤☷土，老陽配老陰，主遲發。

震☳坎☵艮☶三卦受尅，有喪子之痛；兌☱離☲巽☴三卦受尅，有喪妻之悲。

天澤履䷉（乾金配兌金），老陽配小陰，雖數合九四，然非正配，老夫少妻，同床異夢。

火水未濟䷿，離火女在上，坎水男在下，水尅而不及，河東獅吼也。

乾☰金尅震☳木，金尅木（天雷无妄䷘、雷天大壯䷡），長子受害。破軍（七赤）尅祿存（三碧），皆屬凶神，恐有不測之禍。

艮☶坤☷巨門土（先天卦數六一合生成），乾☰金配坤☷土（先天數九一）相生又合十，乾☰金艮☶土合十五，皆主有殊榮。

碧入艮卦（雷山小過䷽），震木尅艮土，小男受害，有絕嗣之慮。卦動出震☳艮☶，亦主兄弟不和。

老夫配長女（風天小畜䷈、天風姤䷫），五行金尅木，傷及老夫，小女亦傷。

兩女相見（澤風大過䷛金剋木、火澤睽䷥火剋金），主有閨門亂德，同性戀傾向。

乾☰金得艮☶土（山天大畜䷙），主老父有壽元。

六、三元九運各運卦抽爻指南

■一運卦可抽3爻或上爻。抽上爻容易出卦，暫不取。

☰天：抽三爻為䷉履（9,4），先天數四九作友，合生成。後天五行，乾金與兌金，兩金比和。

☱澤☲火：位於兩山之間，陰陽駁雜，不取。

：抽三爻為䷔噬嗑（3,8），先天數三八為朋合生成，後天五行震木生離火。

☳雷：抽三爻為䷶豐（8,3），與前例同。

☴風：抽三爻為䷺渙（2,7），先天數二七同道合生成，後天五行坎水生巽木。

䷜水：抽三爻為䷯井（7,2），與前例同。

䷳山：位於兩山之間，陰陽駁雜，不取。

䷁地：抽三爻為䷎謙（1,6），先天數一六共宗，合生成之數。後天五行坤土合艮土，兩土比和。

■二運卦可抽初爻、2爻、4爻、或5爻。抽初爻容易出卦，暫不取用。

䷘无妄：抽二爻為䷉履（9,4），五行為兩金比合。

抽四爻為䷩益（2,8），五行為震木合巽本。

抽五爻為䷔噬嗑（3,8），五行為震木生離火。

䷰革：位於兩山之間，陰陽駁雜，不取。

䷥睽：抽二爻為䷔噬嗑（3,8），五行為離火生震木。

抽四爻為䷨損（6,4），艮土生兌金。

抽五爻為䷉履（9,4），乾金與兌金比和。

䷡大壯：抽二爻為䷶豐（8,3），五行為震木生離火。
抽四爻為䷊泰（1,9），坤土生乾金。
抽五爻為䷪夬（4,9），兌金與乾金比和。

䷓觀：抽二爻為䷺渙（2,7），坎水生巽木。
抽四爻為䷋否（9,1），坤土生乾金。
抽五爻為䷖剝（6,1），五行為艮土與坤土比和。

䷦蹇：抽二爻為䷯井（7,2），五行為坎水生巽木。
抽四爻為䷞咸（4,6），五行為艮土生兌金。
抽五爻為䷎謙（1,6），五行為坤土比和艮土。

䷃蒙：位於兩山之間，陰陽駁雜，不取。

䷭升：抽二爻為䷎謙（1,6），五行坤土與艮土比和。
抽四爻為䷟恒（8,2），震木與巽木比和。
抽五爻為䷯井（7,2），五行坎水生巽木。

■三運卦可抽初爻、2爻、4爻、或5爻。抽初爻容易出卦，暫不取用。

䷅訟：二爻位於火坑位，不取。

抽四爻為䷺渙（2,7），五行坎水生巽木。

抽五爻為䷿未濟（3,7），上卦離火為動為主，坎水剋離火為剋入。

䷛大過：抽二爻為䷞咸（4,6），五行為艮土生兌金。

抽四爻為䷯井（7,2），坎水生巽本。

抽五爻為䷟恒（8,2），震木與巽木比和。

䷢晉：抽二爻為䷿未濟（3,7），五行為坎水剋離火，動在下卦為剋出。

抽四爻為䷖剝（6,1），五行為艮土與坤土比和。

抽五爻為䷋否（9,1），五行為坤土生乾金。

䷽小過：二爻位於火坑位，不取。

抽四爻為䷎謙（1,6），五行坤土與艮土比和。

抽五爻為䷞咸（4,6），五行艮土生兌金。

䷼中孚：二爻、四爻位於火坑位，不取。

抽五爻為䷨損（6,4），艮土生兌金。

䷄需：抽二爻為䷾即濟（7,3），五行水剋火，為剋入。

抽四爻為䷪夬（4,9），五行兌金比和乾金。

抽五爻為䷊泰（1,9），坤土生乾金。

䷚頤：抽二爻為䷨損（6,4），五行艮土生兌金。

抽四爻為䷔噬嗑（3,8），五行震木生離火。

抽五爻為䷩益（2,8），五行巽木與震木比和。

䷣明夷：抽二爻為䷊泰（1,9），五行坤土生乾金。

抽四爻為䷶豐（8,3），五行離火生震木。

抽五爻為䷾即濟（7,3），五行坎水剋離火。

■四運卦可抽3爻或上爻。抽上爻容易出卦，暫不取用。

䷠遯：抽三爻為䷋否（9,1），五行坤土生乾金。

萃䷬：位於火坑位，不取。

鼎䷱：抽三爻為䷿未濟（3,7），五行火水相尅。

解䷧：抽三爻為䷟恒（8,2），五行為震木合巽木。

家人䷤：抽三爻為䷩益（2,8），五行為巽木合震木。

屯䷂：抽三爻為䷾即濟（7,3）。五行為坎水尅離火。

大畜䷙：位於火坑位，不取。

臨䷒：抽三爻為䷊泰（1,9）。五行為坤土生乾金。

■六運卦可抽初爻和2爻間線、或4爻和5爻間線。

履䷉：抽初爻與二爻間線為䷋否（9,1），五行為坤土生乾金。

抽四爻與五爻間線為䷨損（6,4），五行為艮土生兌金。

夬䷪：位於火坑位，不取。

噬嗑䷔：抽初爻與二爻間線為䷿未濟（3,7），五行為坎水尅離火。

抽四爻與五爻間線為䷩益（2,8），五行為巽木與震木比和。

豐：抽初爻與二爻間線為恒（8,2），五行為震巽木比和。
抽四爻與五爻間線為即濟（7,3），五行為坎水尅離火。

渙：抽初爻與二爻間線為益（2,8），五行為巽震木，雙木比和。
抽四爻與五爻間線為未濟（3,7），五行為坎水尅離火。

井：抽初爻與二爻間線為即濟（7,3），五行為坎水尅離火。
抽四爻與五爻間線為恒（8,2），五行為震巽木比和。

剝：位於火坑位，不取。

謙：抽初爻與二爻間線為泰（1,9），五行為坤土生乾金。
抽四爻與五爻間線為咸（4,6），五行為艮土生兌金。

■七運卦可抽初爻或4爻。抽初爻容易出卦，暫不取用。

同人：抽四爻為家人（2,3），先天卦數合五，五行巽木生離火。

隨：位於兩山之間，陰陽駁雜，不取。

大有：抽四爻為大畜（6,9），先天卦數合十五，五行艮土生乾金。

䷵歸妹：四爻位於火坑位，不取。

䷴漸：四爻位於火坑位，不取。

䷇比：抽四爻為䷬萃（4,1），先天卦數合五，五行坤土生兌金。

䷑蠱：位於兩山之間，陰陽駁雜，不取。

䷆師：抽四爻為䷧解（8,7），先天卦數合十五，五行坎水生震木。

■八運卦可抽2爻或5爻。

䷫姤：抽二爻為䷠遯（9,6），先天卦數合十五，五行艮土生乾金。
抽五爻為䷱鼎（3,2），先天卦數合五，五行巽木生離火。

䷮困：位於火坑位，不取。

䷷旅：抽二爻為䷱鼎（3,2），先天卦數合五，五行巽木生離火。
抽五爻為䷠遯（9,6），先天卦數合十五，五行艮土生乾金。

䷏豫：抽二爻為䷧解（8,7），先天卦數合十五，五行坎水生震木。
抽五爻為䷬萃（4,1），先天卦數合五。

䷈小畜：抽二爻為䷤家人（2,3），先天卦數合五，五行巽木生離火。
抽五爻為䷙大畜（6,9），先天卦數合十五，五行艮土生乾金。

䷻節：抽二爻為䷂屯（7,8），先天卦數合十五，五行坎水生震木。
抽五爻為䷒臨（1,4），先天卦數合五，五行坤土生兌金。

䷕賁：位於火坑位，不取。

䷗復：抽二爻為䷒臨（1,4），先天卦數合五，五行坤土生兌金。
抽五爻為䷂屯（7,8），先天卦數合十五，五行坎水生震木。

■九運卦可抽3爻或上爻。抽上爻容易出卦，暫不取用。

䷋否：抽三爻為䷠遯（9,6），先天卦數合十五，五行艮土生乾金。

䷞咸：抽三爻為䷬萃（4,1），先天卦數合五，五行坤土生兌金。

䷿未濟：抽三爻為䷱鼎（3,2），先天卦數合五，五行離火生巽木。

䷟恒：三爻位於火坑位，不取。

䷩益：三爻位於火坑位，不取。

即濟䷾：抽三爻為䷂屯（7,8），先天卦數合十五，五行坎水生震木。

損䷨：抽三爻為䷙大畜（6,9），先天卦數合十五，五行艮土生乾金。

泰䷊：抽三爻為䷒臨（1,4），先天卦數合五，五行坤土生兌金。

七、抽爻換象之應用

玄空法形局之配置，注重龍山、向水陰陽調和，故坐山立向所採用之卦，依形局需要而定，故只要將所用之卦，依上述各卦之適當爻位取用便可，詳細之資料在羅盤上均有標註，取用並不困難，以下謹提一些注意事項供參考：

（一）陰宅之坐山立向，依地盤而定，棺木及墓碑之立向均依地盤設定。

（二）陽宅建築地基之立向，依形局而定，只要不落入火坑、不落入陰陽駁雜或空亡等，為最重要，若卦理上能坐到適當爻位，則更為佳美。

（三）辦公室福主之座位，先依迎神引氣之方法，決定桌子該放置之位置後，再來調整卦中適當之爻位。

（四）安置靈骨塔之塔位，也是先依迎神引氣法，來決定適當之「方」「位」來放置金甕，也就是先決定用卦，再來調整卦爻。由於每位大師所用之羅盤大小及精密度不同，而安放金甕之塔位空間規格又小，調整爻位時，一不小心就容易出卦，所以本文對初爻及上爻之取用，就採取比較保守的作法，不予取用。至於要正確取對卦爻之爻位，可考慮用三角函數去精算，在此不便作進一步說明，留給有緣人思考之。

八、門路氣口之迎神引氣

坐山立向即定，再來就要看「來氣」。坐山要看來龍，立向要看門路氣口之水龍，龍山向水四龍神要排好，山龍是地氣，由高而下，水龍是陽氣是地面之氣，由低而高。陰陽兩氣交合於穴位，如果配卦合理，不論陰陽宅都屬良穴或吉宅。而迎神引氣者，就是要迎山龍或水龍之氣，如屬吉氣，則為喜神，如屬煞氣，則為凶神。

先天八卦定八宮，☰乾宮與☱兌宮合九四，☲離宮與☳震宮合三八，☴巽宮與☵坎宮合二七，☶艮宮與☷坤宮合六一，都屬一家骨肉。☰乾宮與☲離宮、☱兌宮與☳震宮、☴巽宮與☶艮宮、☵坎宮與☷坤宮，為合陰陽之堂兄弟姐妹，亦屬一家。如果來氣是屬於一家骨肉，在一家之內配卦用神都屬吉配，至於所摘之爻位，若合宜固然甚佳，若不合宜，因影響不大，應無所謂。

如果來氣屬卦氣不通之宮位，如立乾宮內的某一卦為向，而門路來氣在巽宮內，因為乾宮與巽宮卦氣不通，不能用，用之則敗。但形勢環境又是如此的限制，不得不用的時候，就要用「迎神引氣法」來化解之，逢凶化吉在此一摘，轉禍為福也在此一爻。

迎神引氣法，係為善用門路氣口及山巒凹風之氣。抽爻之法，有單爻法與雙爻法二種。單爻法是羅盤經字線放在單爻之上，使該爻之陰陽發生變化，雙爻法則羅盤經字線置於兩爻之間，使在經字線上之二爻，同時變化其陰陽，此線又叫做中間線。

茲舉下例說明：

向卦：離宮之澤火革 ䷰（4,3）

來氣：兌宮之天澤履 ䷉ 卦（9,4）

氣場：三離宮與四兌宮卦氣不通。

分析：宜分析來氣卦天澤履 ䷉ 與立向卦澤火革 ䷰ 之關係。

來氣卦天澤履 ䷉ 單爻抽爻法：

抽初爻變為天水訟 ䷅（9,7）。與立向卦澤火革 ䷰（4,3），兩者上卦之先天數9,4合生成之數，下卦7,3合十對待，可用，但抽初爻容易出卦，要慎用。

抽二爻為天雷无妄 ䷘（9,8），與立向卦澤火革 ䷰（4,3），兩者上卦之先天數9,4合生成，下卦8,3也合生成，可用。

摘三爻為乾為天 ䷀（9,9），與立向卦澤火革 ䷰（4,3），兩者上卦9,4

之先天數合生成，下卦9,3之數合陰陽，可用。

摘四爻，變為風澤中孚䷼（2,4），與立向卦澤火革䷰（4,3），兩者上卦先天數二四不合，下卦4,3不合，故不用。

摘五爻，變為火澤睽䷥（3,4），與立向卦澤火革䷰（4,3），兩者上下卦之先天數都是三四不合，故不用。

摘六爻，則變為兌為澤䷹（4,4），與立向卦澤火革䷰（4,3），兩者上卦先天數4,4，下卦4,3不合，不用。

來氣卦天澤履䷉（9,4）間線抽爻法：

摘初、二兩爻間線：則變為天地否䷋卦（9,1），與立向卦澤火革䷰（4,3），兩者上卦先天數9,4合生成，下卦1,3合通卦，勉強能用。

摘二、三兩爻間線：變為天火同人䷌（9,3），與立向卦澤火革䷰（4,3），兩者上卦先天數9,4合生成，下卦3,3都屬離宮之卦，可用。

三爻與四爻間為上下兩卦之中，為成卦之中線，不可抽爻。

摘四、五兩爻間線則變為山澤損䷨（6,4），與立向卦澤火革䷰（4,3），兩者上卦6,4合十對待，下卦4,3，不合，屬死絕宮位，不能用。

摘五爻與上兩爻間線變為雷澤歸妹䷵（8,4），與立向卦澤火革䷰（4,3），兩者上卦先天數8,4，下卦4,3不合，不能用。

從上述分析，單爻法抽初爻、二爻、三爻都可抽到可用之卦；間線法能由初爻與二爻間線得天地否䷋卦，及由二爻及三爻間線得天火同人䷌（9,3），此兩者的結果，都能抽到輔助「向卦」（澤火革䷰）的喜神用卦，也就是在死絕宮位中，一般局法原本不可取用的卦，如有適當的安排，仍然可以妙手回春。但格局有高下，立向卦與來氣卦，以能合生成、合十對待、下卦合一家骨肉為上，合陰陽、合通卦者次之。

小結：1.坐山立向用爻，需注意上下卦卦體上（河圖數）陰陽調和，及洛書五行生尅的關係。

2.迎神引氣，以向卦為主，來氣卦為賓，以兩者在卦之先天數（即河圖數）合生成、合十對待為最重要。

九、來龍卦氣所影響的人及時間

坐山立向之向卦，受門路氣口、水口、來龍等來氣卦的影響是深遠的，今以來氣卦八卦納甲的原理，來判斷它所影響的人及發生作用的時間。

來氣卦即入首龍（山龍、水龍）的本卦卦氣，以來氣卦動卦之天干為主，以推定發財發福之時間與年命。

其方法是將來氣卦六爻從初爻變起，陰變陽，陽變陰。如同八宮卦由初爻、二爻、三爻、四爻、五爻、下飛四爻變遊魂卦、再飛下卦三爻全變成歸魂卦，依序而變。

今若來氣卦是坎為水卦 ䷜ 為例，則：

首先以坎卦 ䷜ 的下卦為動卦，變初爻飛出 ䷻，下卦為兌 ☱，兌納丁。

䷻卦飛出二爻為䷂卦，下卦為震☳，震納庚。

䷂卦飛出三爻為䷾卦，下卦為離☲，離納己。

然後以䷾卦的上卦為動卦，四爻飛出為䷰，上卦為兌，**兌納丁**。

䷰卦五爻飛出為䷶，上卦為震☳，震納庚。

䷶卦返下變四爻為遊魂卦䷣，上卦飛出坤☷卦，**坤納乙癸**（註：因外卦為坤，坤納癸，故癸的影響力大，乙之影響力較輕；若飛出之卦為內卦，則因坤納乙，則**癸**力影響較輕）。

䷣又復飛下卦內三爻同變，變為歸魂卦䷆，下卦為坎☵，下卦同本卦坎，**坎納戊**。

小結：因本卦坎為水卦䷜無法飛出乾巽艮三卦，因乾納甲壬、巽納辛、艮納丙，故甲壬辛丙四干出生之人，以及年干為甲壬辛丙年之時間，不能獲福。

十、本節結語

關於形局之法，龍山向水之排局有一定的規則，一般坐山係配合來龍而定，而立向則依水口來氣而裁剪，坐山立向即定之後，就要考慮兩個問題。

首先，就是在「立向卦」中，如何取用最適當之爻位，也就是選用卦爻的分金問題，為了要盡善盡美，那就得考慮變動卦爻後，上卦與下卦間是否陰陽調和與五行生尅關係，本文提供參考的細節，期望它有助於你的選用。

其次要考慮水口來氣的安排，向首與水口的兩個卦，如果都屬於一家骨肉，那問題就較少，若非一家骨肉，那就必需善用迎神引氣之法，動用適當爻位，則化干戈為玉帛，轉禍為福就在此一摘。

上述坐山立向分金及迎神引氣動用爻位，都屬局法之細枝末節，為了要有一完美的結局，希望本文所提的方法及概念，有助於您選用的參考。

第四篇　陰陽宅之選擇

劉信雄（若空）編著

第一節　趨吉避凶的基本認識

壹、坐山立向避開陰陽駁雜

不論是陰宅或陽宅，凡是坐山立向落在陰陽交界處或在火坑位上，卦氣不清，陰陽不明，都極其不好，宜避開之，這是趨吉避凶的第一要務。

1.兩儀四象交界處謂之空亡。即二十四山之午中、卯中、子中、酉中，四處即是。

2.二十四山之地元龍，左不兼天元龍，右不兼人元龍，如甲卯、甲寅、辰巽、辰乙、丙巳、丙午、未丁、未坤、庚申、庚酉、戌辛、戌乾、壬亥、壬子、丑癸、丑艮。兩山之間陰陽不清，稱為出線，亦稱之半身不遂。

3.二十四山各山的中心點陰陽駁雜，也是空亡線。三合家將二十四山分為一百二十分金（每山五分金），分別為甲子旬、丙子旬、戊子旬、庚子旬、及壬子旬。其中甲子旬及壬子旬為退氣脈，丙子旬及庚子旬為旺氣脈。戊子旬為龜甲空亡。

4.六十四卦，各卦之中心點，亦即第三爻與第四爻之交界處，以及各卦與卦之交界處，都稱為空針，都要避開。

處置：

1.陽宅改門改向，可以轉換氣場，若坐山立向剛好落在空亡線上，則宜把門改移偏向一邊，最好是改為偏向城門氣口之一邊，並盡可能使門向與氣口理氣相通。若門向與氣口不是一家骨肉，則宜考慮用摘爻法之迎神氣改變之。

2.陰宅改向效果不彰，最好是重新修建。

3.若是陽宅之坐山立向沒有問題，而是城門氣口之來氣有問題，能避開是最佳策略，若無法避開，則設法阻擋之，使來氣的方向轉變，也是考慮的良策。

貳、干載支來為火坑

二十四山中，相臨二山為共路，有真神路之共路與非真神路之共路，寶照經云：「子字出脈子字尋，莫教差錯丑與壬」、「支若載干為夫婦，干若載支是鬼龍，子癸為吉，壬子凶，三字真假在其中」，此者，壬子及子癸均為共路，但子癸為支載干為真神路，壬子為干載支為非真神路，由於非真神路兩山之交界處，卦氣不清，為火坑位，用之則凶，二十四山均同論。

透地六十龍氣，由壬山起甲子、丙子、戊子、庚子、壬子等，輪排六十透地氣，計每一地支含五個分金之透地氣，圓周三百六十度分六十分金，每一分金佔六度，凡非真神路共路二山交界處之分金為火坑，由於干載支共有十二個，因此共計有十二個火坑。以下分別摘錄說明之：

1. 壬子山透地分金

甲子、丙子、戊子、庚子、壬子

戊子原來是火坑，風流浪子敗人倫。陰陽駁雜，疾病官災，初興二敗三休囚，換妻雙生有根由。若在陰陽差錯中，不惟木根穿棺內，白蟻從此生，火病見紅撬然至。若見巽方水，棺內泥水二三分。申子辰午年應。

戊子氣為第一火坑：（三四九・五度至三五五・五）壬山與子山之界，屬山地剝卦。

2. 癸丑山透地分金

乙丑、丁丑、己丑、辛丑、癸丑

己丑龍來是黑風，女妖男癆百事凶。瘋疾官災最可怕，損妻尅子禍事多，家破丁失田產退，敗絕實可痛。巳酉丑未年應。

己丑氣為第二火坑：（一九・五度至二五・五度）癸山丑山二者之界，風雷益卦內。

3.艮寅山透地分金

丙寅、戊寅、**庚寅**、壬寅、甲寅

庚寅氣入是孤虛，火坑黑風空亡宮。葬三六九年瘋疾見。嫖賭失財，官符是非，退財孤寡，人倫敗絕，若見申方水，井內有泥水。寅午戌申年應。

庚寅氣為第三火坑：（四九．五度至五五．五度）艮與寅界，山火賁卦。

4.甲卯山透地分金

丁卯、己卯、**辛卯**、癸卯、乙卯

辛卯原來是絕龍，火坑敗絕出盜翁。三房先絕後及眾，官災疊見事多凶。若逢申方水，濫泥一尺入棺中。此墳若還不移改，人財敗絕永無蹤。亥卯未酉年應。

辛卯氣為第四火坑：（七九．五度至八五．五度）甲與卯平分，帶刃坐向，澤火革卦。

5. 乙辰山透地分金

戊辰、庚辰、壬辰、甲辰、丙辰

壬辰氣是絕龍，火坑敗絕最足痛。口舌官災少亡慘，離鄉和尚永別蹤。口舌官災，人丁敗絕，離鄉別宗，損妻尅子，腳疾痲木兼敗血。若見戌方水，棺井泥水兼蟻虫。申子辰戌年應。

壬辰氣為第五火坑：（一〇九・五度至一一五・五度）乙山辰山平分，風澤中孚、歸妹兩卦縫。

6. 巽巳山透地分金

己巳、辛巳、癸巳、乙巳、丁巳

癸巳原來是絕龍，火坑敗絕百事凶。立宅安墳損三房，葬後五年並七載，老丁六畜敗若風。疾病官災損小房。後代兒孫多僧道，損妻剋子不安康。若見丑方水，老鼠穿棺作巢攻。巳酉丑亥年應。

癸巳氣為第六火坑：（一三九・五度至一四五・五度）巽巳平分，山天大畜卦。

7. 丙午山透地分金

庚午、壬午、甲午、丙午、戊午

甲午氣入是火坑，財敗人亡最堪慘。疾病官災損二房。軍賊牽連房房苦，泥水入壙禍非常。此壙若還不改移，房房必定少後裔。又見午丁水，棺底爛崩有火災。必招夫接宗，或外出亡身，家破人亡，水腫跛腳，痲木癌症，情色而亡。寅午戌子年應。

甲午氣為第七火坑：（一六九．五度至一七五．五度）午山、丙山平分，澤天夬卦

8. 丁未山透地分金

辛未、癸未、乙未、丁未、己未

乙未氣入犯孤虛，火坑敗絕最堪啼。絕龍又見巳水來，屍骨已成泥。中長二房見刀鎗。此壙若還不改移，兒孫宛如瓦上霜。亥卯未丑年應。

乙未氣為第八火坑：（一九九・五度至二〇五・五度）丁山、未山平分，恒卦與巽卦。

9. 坤申山透地分金

壬申、甲申、丙申、戊申、庚申

丙申氣入是黑風，火坑敗絕家業窮。若見子癸水，淫亂賭博，或自殺見紅。庚寅丙申氣不良，立宅安墳損長房。損妻剋子最難當。疾病官災房房佔，水火牽連損幼房。白蟻先從底下入，田地退敗守空房。申子辰寅年應。

丙申氣為第九火坑：（二二九・五度至二三五・五度）坤申平分，澤水困卦。

10. 庚酉山透地分金

癸酉、乙酉、丁酉、己酉、辛酉

丁酉氣入是火坑，百事不遂絕人丁。若見癸方水，樹根泥水坑。辛卯丁酉不為強，立宅安墳損二房。疾病官災損三房。水火牽連多橫事，因親連累房房當。巳酉丑卯年應。

丁酉氣為第十火坑：（二五九・五度至二六五・五度）庚酉兩山平分，山水蒙卦。

11. 辛戌山透地分金

甲戌、丙戌、戊戌、庚戌、壬戌

戊戌龍入犯孤虛，火坑敗絕人多疾，和尚少亡孤寡慘，損妻剋子定無疑。午未年中見，方知受災奇。若見申方水，骨骸不清潔。

戊戌是空亡，立宅安墳損長房。疾病官災損大房。水火牽連出外死，田地人財瓦上霜。白蟻先從底下入，兒孫忤逆走他鄉。寅午戌辰年應。

戊戌氣為第十一火坑：（二八九・五度至二九五・五度）辛戌平分，風山漸卦、小過卦。

12. 乾亥山透地分金

乙亥、丁亥、己亥、辛亥、癸亥

己亥氣入是黑風，火坑敗絕人無蹤。申子辰年寅午戌，人走他鄉多奇怪。若見庚酉水，木根穿棺害。

己亥是空亡，立宅安墳損長房。疾病官災損大房。水火牽連出外死，田地人財瓦上霜，白蟻先從底下入，兒孫忤逆走他鄉。亥卯未巳年應。

己亥氣第十二火坑：（三一九・五度至三二五・五度）乾亥平分，澤地萃卦。

處置：

1. 以上說明係針對陰宅而言，但對陽宅之坐山立向及城門氣口之引氣，若坐入火坑，同樣會有明顯的影響。
2. 陰宅以重新修造或遷移為宜。
3. 陽宅比照前述陰陽駁雜之處理方法進行。若坐山立向落入火坑，則改門向，避開為上策，若能找出適當的城門氣口（來氣），引旺氣入宅，可緩解火坑之害。除了改門改向外，同時對臥室之床鋪、辦公桌、書桌等之安排，都要重新調整。

4.另一種情形是坐向沒有問題，反而是城門氣口（來氣）剛好位在火坑位，則煞氣反而進入宅第，不吉。解決的方法，以走避為先，以阻擋為次，以改變來氣的方向，轉煞為福來處理之。

5.從二十四山一百二十分金來看，十二個火坑位正坐在十二個地支上，因此流年剛好是該地支之年時，則該年及其三合年和對應之年月，容易發凶。

6.每個火坑位都跨坐二十四山之兩山，四隅卦的火坑，位在天元龍與人元龍間者，因天元龍與人元龍是可相兼用的，它們是陰陽相同，如第九火坑位在坤申之間，因此若兩山挨星都得令得運，則火坑之影響較小，若兩山是失令的，則其影響便大。

此外，有些火坑是跨不同陰陽的兩山，如四正卦的火坑，位在天元龍與地元龍之間者，都是天干載地支，因此不可兼用，如第七火坑，位在丙山與午山之間，天元龍與地元龍陰陽不同，一山挨星得令時，另一山挨星便不得令。

又，位在八山交界之火坑，如丁山與未山之間者（第八火坑），是人元龍兼地元龍，因陰陽不同，不可兼用，坐山立向在此火坑位時，一樣要看二十四山挨星是否得令得運，得令與不得令其影響力是不同的。因此同一個火坑位，坐山立向若分別坐在得令與不得令的兩山者，其影響力將會因坐山的得令或不得令而有顯著差異。

參、二十四天星：罡刼弔煞休犯著

天玉經云：坎離水火中天過，龍墀移帝座，寶蓋鳳閣四維朝，寶殿登龍樓，罡刼弔煞休犯著，四墓多消鑠，金枝玉葉四孟裝，金箱玉印藏。

1. 二十四天星以龍樓為主星，二十四天星隨元運飛佈二十四山，一運龍樓在子，二運龍樓在坤，三運龍樓在卯，四運龍樓在巽，五運無卦，五運之前十年寄巽，後十年寄乾，六運龍樓在乾，七運龍樓在酉，八運龍樓在艮，九運龍樓在午。

2. 二十四山配二十四天星，各天星從龍樓起星，順時針之排序為：龍樓、玉葉、八武、帝座、鑾駕、天吊、鳳閣、金箱、鬼劫、將軍、功曹、天罡、寶殿、金枝、炎烈、龍墀、帝輦、天殺、寶蓋、玉印、劫煞（殺）、華蓋、直符、地劫（剎）。（參見第207頁）

3. 龍山向水峰或嶠星，若在某運六煞星（罡刼吊煞）當位，而坐向失令，或紫白飛星或煞星臨坐向時，則會生癌症或大不幸事。

4. 因為龍樓星是每運的正神方位，必定是天元龍。龍樓星正對面是寶殿星，所以稱寶殿登龍樓，龍樓星左邊是玉葉，右邊是地殺，一個正神方有三個天星，右地殺，中龍樓，左玉葉，由右至左按地元、天元、人元排列。天罡星是在龍樓星對面的地元龍坐山，永遠與右邊的地殺相對，在羅盤十字線的地元龍，就是天吊與天殺，所以經云罡劫弔煞休犯著，四墓休犯著，乃指四條地元龍方位，如果有煞氣是不吉的。

處置：

1. 要了解陰陽宅是否受到六煞星的影響，首先在陽宅大門口立太極（陰宅則在塋墓之子孫砛立太極），看看六煞星方位之形勢，是否有人為或自然之破損，當宅運逢二五交加之年月，而六煞星方位有修造動土等情事，則極易引動禍端。
2. 先查考坐山立向之得令失令、或紫白飛星之凶星是否會合到山到向、或一般凶煞星是否到山到向，以考慮可能發凶的時機。
3. 其次查考宅內宅外二十四山到臨之天星，若罡劫吊煞六煞星到臨某山，則該方向之地點，是否有建築或大工程在進行，避免它引動宅之凶星發生作用。
4. 陽宅之門向氣口主宅運之禍福，若有修造時務必先查考清楚煞星到臨之情形，否則一動不如一靜，謹慎為要。

第二節　陽宅選擇提要

壹、形勢

得水藏風，形止氣蓄。乘其生旺，中和陰陽。龍真局正，水淨砂明。內接生氣，外接堂氣。理寓於氣，氣囿於形。外氣行形，內氣止生。乘風則散，界水則止。

貳、理氣

1.門向氣口挨星得令，局氣流通。

2.青囊經云：

順五兆：玄空大卦五行要陰陽相見。

用八卦：用八山運法審察八方之衰旺。

排六甲：以紀元之法，審察二十四山元運之興衰。

布八門：形勢上以八風之開闔審氣，看門向與氣口，是否為同一父母兄弟子孫。

推五運：以河圖之運為體，主元，水火木金土，五行秩然不紊。

定六氣：以洛書九氣為用，主令。

明地德：地理需合易理。

立人道：地德既明，人道始立。

3.查看宅之陰陽動靜

(1)先看金龍動不動（運法要把握天心之一卦，當令者吉；局法要把握門向與氣口，陰陽調和），次察血脈認來龍（陽動陰靜，陽以向陰，陰以含陽）。

(2)看雌雄配零正，零神有水則吉，正神下水為凶。空處為真龍，空處為來氣之處。

(3)高處為山，低處為水，留意用神，山水皆須趨生避死，從旺去衰。

(4)陽宅以向為主，門路、氣口、水流兼重。

(5)理氣：坐向與門路合元運者自合三星五吉。

參、運法與局法兼重

(一) 以局法為體

1. 向水合陰陽調和為首要。

2. 不成格局者為平凡。

3. 陰陽差錯或空亡者為衰敗。

(二) 以運法為用：必須令星到向到氣口。

1. 坐旺向旺為吉。

2. 坐衰向旺為半吉。

3. 坐旺向衰、坐衰向衰為凶。

（三）擇日：利用天運之年月日時以制凶、助吉。以求天時、地利、與人和。

（四）觀宅順序：

1.由大環境而小區域
2.由屋外而屋內
3.由通宅而至分宅
4.最後是屋內門路。

要點：玄空五行，向為正神、氣口為零神。
　　　玄空卦運，門向與氣口，要合元當令。

考慮之優先順序：

1.向有運、氣口有運、來水長。
2.向有運、氣口有運、來水短。
3.向無運、氣口有運、來水長。
4.向有運、氣口無運、來水長。

5.向無運、氣口有運、來水短。
6.向有運、氣口無運、來水短。
7.向無運、氣口無運、來水長。
8.向無運、氣口無運、來水短。

肆、元運與太歲之關係

1.陽宅如屬一白坎宮，若地支之子逢太歲，在申子辰午四年應之，子年為填實，午年為沖動，申辰為催合。吉則應吉，凶則應凶，如犯一支則四年應之，如犯二支，則八年應之，如犯三支，則十二年中無休歇矣。
2.三合：申子辰合水局、寅午戌合火局、巳酉丑合金局、亥卯未合木局。
3.以犯透地龍之十二火坑位為凶，應之最速。

伍、蔣大鴻「陽宅指南」摘要

第一要訣為宅命：虛處動來實處靜，空邊引氣實邊受，命從來氣天然定。

【釋】陽宅之流年吉凶謂之宅命，陽宅之坐向為靜為實體，陽宅之氣口城門為虛處為動體，虛實動靜既明，若得局法玄空陰陽相見則吉，若陽見陽或陰見陰則不吉，若子山犯之，則申子辰午年凶，兩山犯之則八年為凶，餘類推。

第二要訣為宅體：端正周方斯為美，南北脩長離氣專，若然偏濶分途軌。

【釋】宅體意指建築物之主體，以格局方正為佳，多角之凸出或形體怪異者，多主不安。若是形體方正，但格局或長或扁，其吉凶亦不相同，建物修長者，氣口由正前方來，其氣最專，若來氣吉者則吉上加吉，若來氣凶者，則愈發其凶。若建物是扁長形者，氣從前門來，左右受氣不同，當視門內通路定吉凶矣，因此左右房間之吉凶，就有很大差異。

第三要訣為坐向及水路：坎離震兌鉞尖上，得乘正卦合天心，干支雜亂生魔障。

【釋】陽宅重在向水，不重來龍，首先必要是坐山有靠、明堂開闊。其次是坐向要避開陰陽差錯卦氣混雜之處，如兩儀、四象、先後天八卦交界處、二十四山各山交界處、六十四卦陰陽交界處、各山中爻、各卦中心點，均為卦氣不清陰陽不明，若坐向剛好坐在其上，即是干支雜亂生魔障，居之最不安。再其次是水路，所謂水者，低一寸即是水也，水指財，來水長則財氣旺，來水短則財氣較不足。

第四要訣為輔弼：地宜左右審虛盈，輔若虛時地元殺，弼虛二運受災驚，一重輔弼一重福，若見重重福不輕，有人識得弼星訣，選宅安身事事寧。

【釋】就形勢言之，前方之建物為案桌，宜比前廳稍低為佳，陽宅之左右建物為輔弼，輔弼之星不宜高壓，然層層高去護衛主宅者，為形勢上之佳美也。現今陽宅少有此條件，公寓建築櫛比鱗次，若大樓緊鄰高壓，則有志難伸矣。

第五要訣為內外門路：正卦裝門莫偏洩，入門之卦宅元神，元神衰旺此中別，一門正卦殺無破，前後通門兩卦接，更有旁門破卦身，縱然旺氣非清潔，既有門時即有路，內路外路須兼顧，路在生方致百祥，殺方引路多災禍。

【釋】門外之路與門內之路都要兼看，門外之路氣口也，建物間之通道或間距，其寬者氣來舒緩是為氣口，其窄小者氣來如刀劍是為煞氣。氣口若是在生旺方，其來氣最真，當可事事吉祥，氣口若在殺方則多災殃矣，玄空運法之生旺或衰退氣，以挨星求之。

陸、陽宅堪輿方法

1. 立太極

• 了解陽宅之坐向。陽動為向，陰靜為坐。

- 觀察本宅與大環境之關係。以本屋大門為太極，觀察四周建物馬路巷口與該宅之關係。
- 觀察本宅內外之關係。以陽宅之中央為太極點，觀察八方衰旺，了解本宅為收氣之宅或收水之宅。
- 了解二十四山方位吉凶。宅向與門向同參。
- 觀察屋內之格局：宅門乃一家興衰之機，門口猶如人之口，關乎人之生死。宅門之開設，以客廳或房屋之中心點來立太極（視屋內房間之間隔而定），房子的坐向以旺神為旺，水路氣口以衰神為旺。
- 房門之開設，以房間之中心點立太極，房門宜開在太極點之旺方，不宜開在陰陽差錯之處。
- 床位及書桌之安排，以枕頭或書桌前緣之中心點立太極，以坐向與氣口合陰陽相見為佳。

2.運法上，起星下卦，了解宅運之吉凶：

• 起星：以天心之一卦入中五之位，順逆挨排，排出天盤。

• 用八卦。每宮位一卦三山，各山交易變易結果，排出向星盤。使坐山立向及門路氣口均能挨得令星，是玄空法。以紫白九星推論吉凶得失，為紫白訣法。

• 坐山立向及門路氣口宜避開火坑位。

3.局法上需合陰陽相見：

• 依元運決定當元之正神及零神。

• 向水或門路氣口依玄空大卦局法，上層五行要合十對待、合生成、合乎陰陽相見。

• 下層洛書數要合一卦純清、合十對待、合生成、合陰陽相見、合通卦合五或十五。依玄空大卦法，宅向用正神，門路氣口用零神。

• 下層之父母卦必需為真夫婦、真神路之一家骨肉。

4.形局上需能藏風聚氣

・收氣之宅以來氣生旺為吉，收水之宅以衰方來水為吉，即天玉經所謂撥水入零堂也，而水又有零正催照之辨，應明辨之。

・高大建物為嶠星，近者宜在衰方，以能廻轉衰氣為生氣，遠者宜在生旺方，使能迎面接受來方之生氣。傍山亦作嶠星論；山之缺口低凹處來風，宜作來氣論。

第三節　陰宅選擇提要

壹、尋龍定穴立局

1. 在穴場，看龍由何方來，結穴於何處，水由何方來，消於何處，明堂向何方。

2. 明堂既明，向首既定，面向明堂，看來去之水及外局水。

3.向後看來龍、降勢、落脈、圓暉，是否接著，男女是否失其蹤，經云：「若行公位看順逆，接著方奇特，宮位若來見逆龍，男女失其蹤」。

4.幕講師金口訣：「坎離逢震巽，艮兌合乾坤」，此為十字訣。面向後山來龍、落穴、坐山。面向明堂來水、去水、外水。在一六、二七、三八、四九宮位者為公位接得著。男女者，一坤二巽三離四兌為女宮，六艮七坎八震九乾為男宮。其順逆者，一六為順，六一為逆，此為一般之順逆，至若一坤與二巽八震，二巽與一坤九乾，皆為不通氣之真逆也，其他如三離與四兌六艮；四兌與三離七坎；六艮與三離七坎；七坎與四兌六艮；八震與一坤九乾；九乾與二巽八震，均為真逆也。

5.宮位接得著為吉，合幕講師之十字訣者為上局。合生成之一六、二七、三八、四九，合陰陽之一七、二六、三九、四八均為接著，為三吉也。

6.合通卦之一三、二四、六八、七九亦為接著。合五與十五之一四、二三、六九、七八亦為接著。但此等係指星運上之接著，在下層星運為五吉也。

7.以上為二儀、四象、八卦之大法也。

貳、收龍收水法

1.若在兩儀、四象、八宮能接得著者，則男女不失其蹤。

2.穴中八卦要知情：要知上元下元二片之陰陽也。上元時一二三四為陽，六七八九為陰，下元時六七八九為陽，一二三四為陰。

3.六十四卦挨星之上層五行，陽之一片為龍向，陰之一片為山水。

4.立向要立從來吉者也，上中下三元各有三吉可向（上層五行），從去者不可向。雖言從去者不可向，但要知時，一卦有一卦之用，一卦有二卦之用，一卦有三卦之用，不可不辨也。

5.一與三通，二與四通，六與八通，七與九通。

6.穴內卦裝清：

(1)上層五行，**來龍與坐山**合一六、二七、三八、四九，合一九、二八、三

七、四六為上局。合一七、二六、三九、四八為中局。

(2)上層五行，向與水合一六、二七、三八、四九，合一九、二八、三七、四六為上局。合一七、二六、三九、四八為中局。

(3)下層挨星卦運，論一家骨肉也。龍山與向水合一六、二七、三八、四九為共路，合一氣純清、一九父母、二八天元、三七人元、四六地元者，為合五吉，為上局也。

(4)下層挨星龍與向合一三、二四、六八、七九。或合一四、二三、六九、七八為中局。

(5)下層挨星坐山與水，合一三、二四、六八、七九。或合一四、二三、六九、七八為中局也，水與水對亦復如此。

參、運法玄空配局法玄空

1.大些子者，如幕講師金口訣，一元紫午九，零堂正向。

2.中些子者，二十四山之得令失令。

3.小些子者，六十四卦之得令失令者也。

4.龍山向水、城門水口，失令之補救，可用七星打劫及城門訣等，同時要細究玄空秘旨、玄機賦、飛星賦、紫白訣上下二篇，開山立向收龍水，能按上述之法步步為營，一部三元地理，只爭那些子而已。「公位、宮位」為二儀、四象、八卦之大情，二儀為陽儀與陰儀，四象為老陽、小陰、老陰、小陽之象，公位是二路，宮位為六十四卦之宮位，為一路。「穴中八卦要知情，穴內卦裝清」者，為六十四卦之五行及卦運，上下層挨星之運用耳。

5.龍山向水：大局方面，用幕講師之十字訣，坎離逢震巽、艮兌合乾坤。看來龍與坐山、向與水，公位與宮位之順逆，是否接著或接不著宮位，男女是否失其蹤，此為先決條件。

6.局法方面，要注意「穴中八卦要知情，穴內卦裝清」。同時「路與本」、

「父母」、「子孫」、「子母公孫」、「東西二片」、「陰陽二片」之二分法及四分法等，此皆為知情與裝清也。

7.運法方面，要知「從來吉」者也，同時要注意本向水、四位一般看、一路行等，此與知情及裝清也有關。如上元一二三運，可立三之向，一可通三，二與三合五；中元四五六運，可立六之向，四可通六；下元七八九運，可立七之向，七八合十五，七也可通九。此一卦能盡得三卦之用，雖為八運，七為過去，但七可通八通九也，故一元六十年不敗之地多矣。

8.總之，「穴中八卦要知情」者，是指立局時，要知當前是上元或下元，龍山向水四神中，那一神要用正神，那一神要用零神，始合本元之零正陰陽。「穴內八卦要裝清」者，是指雖然零正陰陽各得其位，此還不至於全吉，必須要正神正位裝，撥水入零堂，裝清八卦也。

範例：八運時，一陰宅坐巳山風天小畜二䷈八卦，向亥山雷地豫八䷏八，坐巳向亥，坐與向均挨星得令，若巒頭形勢合宜，則可取水天需卦七䷄三來龍，取火地晉三䷢三為水口，形勢理氣兼顧，當運必發。

來龍七䷄三

坐山二䷈八

立向八䷏八

水口三䷢三

肆、富貴貧賤四穴之特色

1.富穴：十個富穴九個窩，恍如大堂一暖閣。八方凹風都不見，金城水聚眠弓案。四維八干具豐盈，水聚天心更有情。入首氣壯鱉蓋形，左倉右庫斗量金。

2.貴穴：十個貴穴九個高，氣度昂昂壓百僚。旗皷貴人列左右，獅象禽星又華表。文峰案外萬笏朝，龍樓鳳閣貴極品。水來九曲峰透霄，將相公候福滔滔。

3.貧穴：十個貧穴九無關，砂飛水走不灣環。四方凹風龍虎反，胎息孕育受風寒。傾卸分流並反跳，簸箕水去退田園。牽牛割腳木城水，世代兒孫似范丹。

4.賤穴：十個賤穴九個反弓，桃花射脇直相沖。子午卯酉水直去，掀裙舞袖探頭形。抱肩斜飛提羅山，翻花扯拽下賤人，更防兌離與巽位，砂水反背穢家聲。

若空編著作品

1.玄空寶鑑（供學出版社）
2.玄空紫白訣斷法（部分內容收錄「調理氣談風水」）
3.運法金匱
4.金字玄空地理錦囊（育林出版社）
5.金字地理乾坤（大冠書局出版）
6.空空道人地理原經闡釋（改寫成通俗白話文並加本人註釋）
7.玄空妙有真善集（PPT檔授課講義）
8.玄空妙有一點通（WORD檔授課講義）
9.玄空勘輿理氣指南（玄空局法收錄於「調理氣談風水」）
10.聊八卦談玄空運法（易理基礎收錄於「調理氣談風水」）
11.挨星金鑑（收錄於「調理氣談風水」）

12.「簡易」風水觀（八山運法精要）
13. 勘輿實証手冊
14. 玄空地理陽宅精要
15. 調理氣談風水（育林出版社）

育林出版社圖書目錄

堪輿叢書

編號	書名	作者	定價
KA-01	葬經青烏經白話註釋(平)(附難解二十四問)	陳天助 著	$300元
KA-02	蔣氏家傳地理真書(平)	杜薇之鈔藏本	$800元
KA-03	標點撼龍經疑龍經(平)	楊筠松 著	$250元
KA-04	繪圖魯班木經匠家鏡(平)	魯公輸 著	$150元
KA-05	增補堪輿洩祕(平)	清 熊起磻原著 民 王仁貴編釋	$600元
KA-06	八宅造福周書(平)	黃一鳳 編撰	$350元
KA-07	相宅經纂(平)	清高見男 彙輯	$300元
KA-08	白話陽宅三要(平)	清 趙九峰著 民 北辰重編	$280元
KA-09	陽宅實證斷驗法(平)	蕭汝祥 著	$350元
KA-10	生活命理與堪輿(平)	藍元陽 著	$150元
KA-11	陽宅形局斷驗法(平)	林進來 著	$320元
KA-12	鎮宅消災開運法(平)	蕭汝祥 著	$450元
KA-14	贛州風水秘傳(平)	北辰 編撰	$380元
KA-16	八運玄空陽宅秘訣(平)	李哲明 著	$480元
KA-17	陽宅化煞開運訣(平)	李哲明 著	$380元
KA-18	後天派陽宅實證(平)	吳友聰 著	$450元
KA-19	地理真經(平)	王祥安 著	$380元
KC-20	堪輿明燈(軟精)	張淵理 著	$800元
KA-21	堪輿法鑑(平)	李哲明 著	$480元
KA-22	玄空大卦羅經詳解(平)	李哲明 著	$320元
KA-23	地理窯基(平)	林珏田 著	$380元
KA-24	乾坤國寶龍門八局圖解(平)	林志縈 著	$500元
KA-25	原來陽宅開運化煞好簡單(平)	白漢忠 著	$280元
KB-26	精髓陰陽學(精)	游 景 著	$500元
KC-27	玄空陽宅實例(軟精)	張淵理 著	$600元
KA-28	玄空風水玄機飛星賦評註(平)	林志縈 著	$350元
KA-29	陽宅堪輿實務(平)	宋英成 著	$350元
KA-30	玄空薪傳六法解密(平)	李宗駒 著	$600元
KA-31	名人堪輿實記(平)	黃澤元 著	$600元
KA-32	三元地理真傳(平)	趙文鳴 編著 張成春 編纂	$600元
KC-33	玄空六法理氣圖訣(軟精)	李哲明 著	$800元

KA-34	玄空薪傳　形家解密內巒頭篇(平)	李宗騊 著	$400元
KC-35	玄空堪輿正論(軟精)	張淵理 著	$1000元
KA-36	地理錄要(平)	蔣大鴻 著	$300元
KA-37	陽宅形局杖眼法(平)	黃澤元 著	$350元
KA-39	三元玄空挨星圖解(平)	邱馨誼 著	$350元
KA-40	玄空薪傳　宅譜解密(平)	李宗騊 著	$600元
KA-41	三元地理些子法揭秘(平)	林志縈 著	$600元
KA-42	金字玄空地理錦囊(平)	劉信雄 著	$500元
KA-43	風水求真與辨偽防騙(平)	冠　元 著	$600元
KA-44	楊公三元地理真解(平)	王健龍 著	$600元
KA-45	玄空實例精析(平)	冠　元 著	$450元
KA-46	三元玄空暨內外六事實證(平)	邱馨誼 著	$350元
KA-47	紫白飛星技法(平)	陳藝夫 著	$350元
KA-48	陽宅形煞三百訣(上集)(平)	陳藝夫 著	$350元
KA-49	陽宅形煞三百訣(下集)(平)	陳藝夫 著	$350元
KB-50	地理大全二集理氣秘旨(上下不分售)	漢陽 李國木 新加坡 張成春	$1800元
KB-51	談氏三元地理大玄空路透(精)	談養吾 著	$600元
KB-52	談氏三元地理大玄空實驗(精)	談養吾 著	$600元
KD-54	玄空紫白訣(平)	趙景義 著	$800元
KB-55	玄空本義談養吾全集(精)	談養吾 編著 張成春 編纂	$1800元
KB-56	新玄空紫白訣(精)	趙景義 編著 張成春 編纂	$1200元
KB-57	安親常識地理小補 玄空法鑑元運發微　合編(精)	談養吾 編著 張成春 編纂	$1200元
KB-58	陽宅風水真義(精)	王祥安 著	$600元
KB-59	玄空六法秘訣圖解(精)	林志縈 著	$1200元
KB-60	玄空理氣經綸(精)	紫虛 著	$1200元
KA-61	玄空薪傳　青囊辨正解秘(平)	李宗騊 著	$600元
KA-62	三元玄空・派多門多各自說(平)	邱馨誼 著	$350元
KA-63	教你做生基延壽招財秘訣(平)	林吉成 著	$800元
KA-64	現代環境學完整篇(平)	林進來 著	$280元
KB-65	玄空理氣啟蒙(精)	紫虛 著	$1200元
KA-66	圖解地理乾坤國寶(平)	鄭守嵐 著	$500元
KB-67	地理大全一集-形勢真訣(上中下不分售)(精)	漢陽 李國木 新加坡 張成春	$3800元
KA-68	玄空三元九運24山向論證	邱馨誼 著	$380元

符咒叢書

編號	書名	作者	定價
FA-01	萬教符咒開運秘笈(平)	真德大師 合 永靖大師 著	$500元
FA-02	萬教符咒總集 上下冊(平)	真德大師 合 觀慈大師 道濟大師 著	$800元
FA-03	閭山符咒發運招財(平)	真德大師 合 永靖大師 著	$400元
FA-04	符令速學指鑑(平)	林吉成 著	$850元
FA-05	開運招財經典(平)	林吉成 著	$500元
FA-06	招財開運寶典訣(平)	林吉成 著	$600元
FA-07	桃花感情和合經典(平)	林吉成 著	$600元
FA-08	五路財神開運符(平)	林吉成 著	$600元
FA-09	桃花驛馬感情符(平)	林吉成 著	$500元
FA-10	真傳實用招財寶典(平)	永靖大師 著	$600元
FA-11	六壬絕學秘籙(平)	永靖大師 著	$600元
FA-12	真傳茅山符咒秘笈(平)	永靖大師 著	$600元
FA-13	真傳陰山派神符寶鑑(平)	永靖大師 著	$600元
FA-14	閭山觀落陰寶鑑(平)	永靖大師 著	$400元
FA-15	閭山地府進錢科儀(平)	永靖大師 著	$400元
FA-16	真傳法師指訣總集(平)	永靖大師 著	$850元

命理叢書

編號	書名	作者	定價
MB-01	三命通會(精)	中央圖書館藏本	$500元
MA-02	滴天髓補註(平)	徐樂吾 評註	$200元
MA-03	窮通寶鑑(欄江網)(平)	徐樂吾 著	$250元
MB-04	訂正滴天髓徵義(精)	徐樂吾 著	$500元
MA-05	子平真詮辯證(平)	曾富雄 編著	$500元
MA-06	命學新義(平)	水繞花堤館主著	$200元
MA-07	子平歸真實錄(平)	劉錦漢 著	$350元
MA-08	八字命理點竅(平)	陳藝夫 著	$350元
MD-09	子平八字秘笈(平)	曾泗淮 編纂	$200元
MD-10	滴天髓 窮通寶鑑 合訂本(平)		$160元
MA-11	教你如何論八字(平)	王彥貿 著	$450元
MA-12	四、五言獨步論命(平)	劉錦漢 著	$350元
MB-13	盲派絕傳秘竅(精)	梁飛 編著	$1200元

易卦叢書

編號	書名	作者	定價
YA-01	周易古筮攷(平)	尚秉和 輯	$300元
YA-02	三字卜漫談(平)	王松寒 編著	$300元
YA-03	學易初步淺疏(平)	胡文庫 編著	$250元
YA-04	易數神祕學(平)	京都靜源 主編 陳永虎 著	$250元
YB-05	周易易解(精)	清 沈竹礽 原著 民 曾雪偵 標釋	$600元
YA-06	易隱評釋(平)	曹九錫 輯	$350元
YA-07	斷易海底眼・鬼靈經(平)	管輅 京君明編著	$450元
YA-08	卜易秘笈大全(平)	羅文川 重編	$250元
YA-09	科學的易(平)	丁超五 著	$300元
YA-10	易卦實例詳解(平)	吳慶榮 著	$300元
YA-11	易卦實例解析(平)	吳慶榮 著	$300元
YA-12	卜易秘竅大全 上冊(平)	羅文川 重編	$380元
YA-13	卜易秘竅大全 中冊(平)	羅文川 重編	$380元
YA-14	卜易秘竅大全 下冊(平)	羅文川 重編	$380元
YA-15	實戰卦例精論(平)	張秀皪 著	$250元
YA-16	用一枚銅板卜出好運來(平)	星吾山人纂稿 邱秀芝編校	$180元
YA-17	玄宗心易占-中式塔羅(平)	陳之俞 編 楊茜茜 著	$300元
YB-18	唐 開元占經(精)	瞿雲悉達撰	$800元
YB-19	文王卦新闡(平)	吳德權 著	$600元
YA-20	占卜實戰論卦上下集110例(上集)(平)	陳藝夫 著	$300元
YA-21	占卜實戰論卦上下集110例(下集)(平)	陳藝夫 著	$300元
YA-22	一週學會易經卜卦(平)	雷天 著	$450元
YA-23	白話理象探解(平)	高修雄 著	$600元

三式叢書

編號	書名	作者	定價
SA-01	劉氏神數(平)	劉廣斌 著	$800元
SA-02	六壬神課金口訣大全課例注釋(平)	孫臏 著	$500元
SA-03	應用六壬金口訣預測法(平)	孫臏 著	$450元
SD-04	神授法奇門秘笈(平)	張子房 纂	$1000元
SB-05	大六壬精解(精)	北辰 編撰	$1000元
SA-06	道密奇門遁甲揭秘(平)	王光會 著	$450元
SB-07	劉氏神數(精)	劉廣斌 著	$900元

擇日叢書

編號	書名	作者	定價
TD-01	陽宅都天發用全書(平)	黃溪黃汝 合 瞿天梅賓 著	$500元
TA-02	玄空擇日詳解(平)	李哲明 著	$300元
TA-03	玄空擇日萬年曆(平)	呂增吉 著	$400元
TD-04	選擇宗鏡 (平)	古籍祕本	$200元
TA-05	創意萬年曆(平)	張秀皪 合 廖士義 著	$350元

仙佛密道叢書

編號	書名	作者	定價
XA-01	密教神祕學(平)	京都靜源 主編 劉正 編輯	$250元
XA-02	靈能密法(平)	京都靜源 主編 劉正 編輯	$200元
XA-03	走向長生密教靈能修持法(平)	京都靜源 主編 劉幼平 著	$220元
XA-04	道教超能力修煉法(平)	京都靜源 主編 羅家山 編著	$300元

姓名學叢書

編號	書名	作者	定價
NA-01	神奇姓名學(平)	林家驊 著	$350元
NA-02	財丁貴姓名學(平)	高樹熊 著	$600元

紫微斗數叢書

編號	書名	作者	定價
ZA-00	紫微斗數捷徑(平)	藍元陽 著	$200元
ZA-01	飛星紫微斗數應用(平)	蕭汝祥 著	$380元
ZA-02	飛星紫微斗數實例(平)	蕭汝祥 著	$380元
ZB-03	紫微斗數天策三書之星曜詮論(精)	陳昊聯 著	$480元
ZC-04	紫微斗數天策三書之斗數宣微上(精)	陳昊聯 著	$480元
ZA-05	紫微斗數精解(平)	白雲居士 著	$280元
ZC-06	紫微般若五七六相法(精)	鄭智祐 著	$700元
ZA-07	紫微斗數經典(平)	白雲居士 著	$320元
ZA-08	紫微斗數大全(平)	白雲居士 著	$380元
ZA-09	聖威門紫微斗數斷訣(平)	盧立群 著	$330元
ZA-10	紫微斗數賦文辯正全集(平)	曾正興 著	$450元
ZA-11	紫微斗數全書-重新斷義(平)	曾正興 著	$380元

國家圖書館出版品預行編目(CIP)資料

調理氣談風水/劉信雄著.--初版.--臺北市：育林出版社，2024.10
面；　公分
ISBN 978-986-6677-84-7(平裝)

1.CST: 堪輿

294　　113012457

調理氣談風水

著 作 者：劉信雄 著
發 行 人：李炳堯
出 版 者：育林出版社
地　　址：台北市士林區大西路18號
電　　話：(02)28820921 (02)28831039
傳　　真：(02)28820744
E-mail　：service@yulinpress.com.tw
網路書店：www.yulinpress.com.tw
登 記 証：局版台業字第5690號
總 經 銷：紅螞蟻圖書有限公司
地　　址：台北市114內湖區舊宗路2段121巷19號
電　　話：02-27953656　傳真：02-27954100　。
E-mail　：red0511@ms51.hinet.net
定　　價：新台幣 550 元
出版日期：2024年10月 初版

歡迎至門市選購
地址：台北市士林區大西路18號1樓
電話：(02)28820921傳真：(02)28820744
本書如有缺頁、破損、倒裝請寄回更換